Ivar der Knochenlose

Sabine Lippert

Ivar der Knochenlose

Ein Wikingerkönig und seine Zeit

Bibliografische Information der Deutschen
Nationalbibliothek: Die Deutsche Nationalbibliothek
verzeichnet diese Publikation in der Deutschen
Nationalbibliografie; detaillierte bibliografische Daten
sind im Internet über http://dnb.dnb.de abrufbar.

Überarbeitete Auflage
Herstellung und Verlag:
BoD – Books on Demand, Norderstedt

ISBN: 9783751971317

Inhaltsverzeichnis

„Sie bescherten den angestammten Einwohnern mancherlei Ungemach, da sie – gemäß der Sitte ihres Landes – die Angewohnheit hatten, ihr Haar täglich zu kämmen, jeden Samstag zu baden, ihre Kleidung häufig zu wechseln, und mit noch vielen solch frivolen Tricks die Aufmerksamkeit auf sich richteten. Auf diese Weise führten sie die Tugend verheirateter Frauen in Versuchung und kriegten die Töchter jedes vornehmen Mannes rum, ihre Geliebte zu werden."

(John of Wallingford über die dänischen Einwanderer Englands)

Vorwort

Er gilt als einer der Söhne des berüchtigten Ragnar Lodbrok!

Aber wer war überhaupt dieser legendäre Seekönig Lodbrok?

Und was ist dran an Ivars Beinamen „der Knochenlose"?

Viele Fragen...

Über die sich Generationen von Historikern die Köpfe zerbrachen. Ivar der Wikinger, den seine Nachkommen aus dem skandinavisch-irischen Geschlecht der *Ui Imair „Ivar den Großen mit der weisen Urteilskraft"* nannten, hat seit seinem Ableben Phantasie und Gemüter der Nachwelt beschäftigt. Er zählt zu den profiliertesten Vertretern der Wikingerepoche, ohne allerdings dem gängigen Klischee des 'beilschwingenden Recken' so recht zu entsprechen.

In dieser Biografie wird dazu ein breites Spektrum von Quellenmaterial kritisch befragt. Da wären einmal die „trockenen", jedoch so wichtigen zeitgenössischen Annalenwerke sowie spätere Chroniken, die uns sozusagen das Faktengerüst liefern zu Ivars Taten. Ein ganz anders geartetes Sortiment von Überlieferung bieten die nordischen Sagas, die hier reichlich Material zur Verfügung stellen. Sagen und Legenden vermitteln mehr einen Eindruck von Charakter und Naturell einer prominenten historischen Persönlichkeit – so wird es darum gehen, die Aussagen von Annalen und Sagen miteinander abzugleichen.

Die nordischen Sagas erlebten vor allem vom 12. - 14. Jahrhundert eine Blüte, ebenso wie zur selben Zeit auf dem europäischen Festland die sogenannten Ritterromane. Ein Großteil dieser Sagas wurde im skandinavischen Island verfasst, um die Menschen auf jener unwirtlichen Insel mit spannenden Abenteuern ihrer wikingischen Vorfahren zu unterhalten; vor allem aber auch, um Genealogien zu berühmten Ahnen herzustellen.

Hierbei taucht nun freilich ein kleines Problem auf: Man sieht die Wikinger des 9. und 10. Jahrhunderts quasi durch die Brille hochmittelalterlicher (verklärend-romantisierender) Vorstellungen. Waren sie wirklich so todesverachtende Recken, ihr einziger Lebensinhalt, so schnell wie möglich nach Walhall zu gelangen? Hierzu ein Blick auf die von nordischen Sagas episch beschriebene „Schlacht von Bravalla“: Bis heute bereitet es den Historikern Schwierigkeiten, diese Riesenschlacht historisch zu verankern. Zu ihrem Anlass aber äußern sich die Sagas, dass ein alternder König die skandinavische Kriegerelite zu solch blutigem Event eingeladen hätte, weil er nicht unmartialisch im Bett sterben wollte! Also drosch man aufeinander ein, bis der König seinen Heldentod kriegte.

Nähme man das für bare Münze, dann bekäme man von

den Wikingern ein absolut schiefes Bild. Sie mähten weder andere noch sich gegenseitig „just for fun" nieder. Krisen wie der dänische Bürgerkrieg im Verlauf des 9. Jahrhunderts konnten zu solch desaströsen Treffen führen; es gab auch erbitterte Seegefechte zwischen verschiedenen Wikingerclans um Territorialansprüche. Die Wikinger des 9. Jahrhunderts agierten als kühne Räuber in ganz Europa, gleichzeitig jedoch als zupackende innovative Kolonisatoren und Großkaufleute, hervorragend miteinander vernetzt.

Man darf nicht vergessen: Die Sagas wurden 300 – 400 Jahre nach den Ereignissen der „klassischen" Wikingerzeit verfasst, von längst christlich geprägten Gelehrten, die ihren eigenen Blickwinkel auf die Geschichte ihrer heidnischen Vorväter hatten. Die Wikinger zu verstehen durch die Brille der Sagas wäre dasselbe, als würde man hauptsächlich Karl Mays Romane zum Verständnis der nordamerikanischen Indianer heranziehen (wobei Karl May immerhin Zeitgenosse der Indianerkämpfe war!).

Alle von Sagas erzählte Dinge über bestimmte Wikinger bzw. deren Taten müssen daher von zeitgenössischen Geschichtswerken (wie Annalen) oder ggfs. archäologischen Zeugnissen beglaubigt werden. Viele der in den Sagas genannten Personen z. B. lassen sich historisch nicht oder unter ganz anderem Namen nachweisen. Wenn mündlich erzählte Ereignisse erst Jahrhunderte später schriftlich festgehalten werden, scheint das normal; allerdings läßt sich ebenso feststellen, dass Vertauschungen, Weglassungen oder falsche Zuordnungen durchaus bewusst vorgenommen wurden, aus den unterschiedlichsten Gründen...

So mager und bescheiden zeitgenössische Quellen auch sein mögen für die Wikingerzeit (9. - 11. Jh.), so hat man dennoch zunächst von ihnen auszugehen, auch wenn Annalen und Chroniken weitaus weniger Unterhaltungswert bieten als eine Saga. Die nüchternen fränkischen, angelsächsischen und irischen Annalen erweisen sich in der Regel als einigermaßen zuverlässig, was Namen oder Abläufe anbetrifft.

Hauptsächlich zwei isländische Sagawerke werden für diese Biografie eine Rolle spielen: Nämlich „Ragnars Saga" sowie die „Saga von Ragnars Söhnen" (Letztere eine Art Kurzfassung von Ersterer); zudem eine Dichtung namens „Krakumal". Sagenmaterial bildet auch die Grundlage für *Saxo Grammaticus'* Werk „Die Taten der Dänen".[1]

Schließlich wären da noch Lokaltraditionen und „Gruselmären", die man sich über Wikinger Jahrhunderte später noch dort erzählte, wo sie „gewütet" hatten. Und nicht zuletzt: Die reichhaltig vorhandenen archäologischen Zeugnisse, als überaus wertvolle Ergänzung, die manche Überraschung bereithalten...

Begeben wir uns also auf eine spannende Reise durch das bewegte 9. Jahrhundert, auf den Spuren eines gar nicht so typischen Wikingers...

Sofern nicht gekennzeichnet, wurden Übersetzungen (aus dem Englischen oder Lateinischen) von der Autorin

---

1 Diese Werke werden im Quellenverzeichnis kurz vorgestellt

vorgenommen.

Alle zitierten Passagen der „Ragnars Saga" bis einschließlich Kapitel „Vifilsborg" sind der deutschen Übersetzung von *F.H. Von der Hagen* (1828) entnommen und ein wenig ans moderne Deutsch angepasst. Sonstige Zitate aus dieser Saga sowie anderen sind der Publikation von *Ben Waggoner* („The Sagas of Ragnar Lodbrok") entnommen.

In dieser überarbeiteten Auflage finden vor allem zwei Themen intensivere Betrachtung: Der sagenhafte Ragnar Lodbrok und sein mögliches Vorbild Ragnald von *Orkney* sowie der Werdegang von Ivars Nachfahren, den *Ui Imair*. Weitere Themen werden ergänzt und vertieft.

Für Fragen, Anregungen und Kritik zum Thema:

sabilipp@web.de

5

Wer war Ragnar Lodbrok?

Dieser berüchtigte Wikinger wird gemeinhin als Ivars Vater ausgegeben. Geschichtsschreiber *Saxo Grammaticus* präsentiert ihn in seinen „Taten der Dänen" als legitimen König von Dänemark! Macht sich gut – allerdings war Dänemark im 9. Jahrhundert noch weit davon entfernt, ein geeintes Königreich zu sein. Gewiss, es gab Dynastien, die sich bereits eine Vorrangstellung erstritten hatten: Wichtigste dänische Herrschergestalt war der im frühen 9. Jahrhundert regierende **Godfrid** bzw. **Göttrik**, berühmt geworden dadurch, dass er seinem mächtigen Nachbarn Karl dem Großen ebenso beherzt Paroli bot wie David dem Goliath. Er beherrschte damals bereits ein respektables Gebiet, das sich von Jütland über die dänischen Inseln wohl bis ins südliche Norwegen (*Vestfold*) sowie bis nach *Schonen* (Südschweden) erstreckte.

König Godfrid lebte, wie gesagt, in einer Umbruchzeit. Ende des 8. Jahrhunderts waren die Dänen darangegangen, längs der Südgrenze ihres Gebietes das *Danewerk* als prophylaktische Maßnahme gegen das karolingische Vordringen weiter auszubauen. Beeindruckende Reste dieses sogar über die Wikingerzeit hinaus immer wieder erneuerten und erweiterten „dänischen Limes" zwischen *Schlei* und *Treene* kann man heute noch besichtigen. Vor allem die rücksichtslos-gewaltsame Bekehrung ihrer südlichen Nachbarn, der Sachsen, und ihre Eingliederung ins Frankenreich war für die Dänen ein Alarmsignal. Einen 30jährigen Krieg hatte man gegen die heidnischen Sachsen geführt[2], deren zeitweiliger Anführer Widukind für ein Jahr gar Asyl bei König Siegfrid, Godfrids Vater, gesucht hatte! Kaum waren die Sachsen unterjocht, hatte Godfrid daher mit einer beeindruckenden Flottenparade klargemacht: Bis hierhin und nicht weiter!

Die fränkischen Hofschreiber haben ihn dafür prompt einen „hochmütigen Wahnsinnigen" genannt – offenbar eine gängige Formulierung, um prominente und renitente Heiden zu diffamieren! König Godfrid war beileibe kein Mann leerer Worte – der Flottenparade folgte ein effektiver Schutz seiner Südgrenze. In diese Zeit (808) fällt die Gründung des berühmten wikingischen Marktzentrums Haithabu, die König Godfrid selbst energisch vorantrieb – eigentlich eine Verlegung des bisherigen Handelstreffpunktes Reric (bei Wismar) ins Dänenland. Dem sollte eine beeindruckende wirtschaftliche Erfolgsgeschichte folgen. Haithabu wurde zu einer jener „Metropolen", über die die gesamte Wikingerzeit hindurch ein florierender Handel lief.

Um 810 wurde König Godfrid ermordet, unter bis heute ungeklärten Umständen. Da wurden familiäre Händel als Anlass angegeben; ein Ehedrama. Behauptet wurde solches freilich von parteiischer Seite – nämlich von fränkischen Quellen. Saxo hingegen spricht immerhin von einem Verräter aus Godfrids engem Umfeld. Der Zeitpunkt von

---

2   Von 772 (Zerstörung der Irminsul) bis 804

7

König Godfrids unfreiwilligem Verscheiden war für die Franken überaus günstig: Godfrid stand auf dem Höhepunkt seiner Macht (wenn es auch kaum glaubwürdig scheint, dass er dem mächtigen Karolingerreich ernstlich Ärger machen wollte). Wie auch immer: Nach seinem Tod wurden die Dinge in Sachen Nachfolge sofort unübersichtlich. Erstmal schloss sein Neffe und Nachfolger Hemming mit den Franken in der größten Eile Frieden. Das scheint man ihm unter den Dänen verübelt zu haben, da er im bald ausbrechenden Bürgerkrieg verjagt wurde.

Hemming und später König Harald, der sich 826 in der Pfalz Ingelheim taufen ließ, waren Vertreter der pro-christlich und profränkisch eingestellten Partei, die auch die ersten Missionare (wie den Heiligen Ansgar) ins Land lassen wollte. Die heidnische Opposition boykottierte derlei Bestrebungen hartnäckig, da einerseits nicht jeder leichtfertig von seinen Göttern lassen wollte, andererseits das Beispiel der Sachsen lehrte, dass Bekehrung und Unterwerfung unter fränkische Macht Hand in Hand gingen. Seit spätestens dem frühen 8. Jahrhundert wurden die Dänen nachweislich mit penetranten Missionierungsversuchen traktiert! Somit sollte man die Ende des 8. Jahrhunderts während der Herrschaft Karls des Großen einsetzenden Wikingeraktivitäten in Zusammenhang setzen mit dem Aufbegehren gegen christlich-karolingische Dominanz. Natürlich spielten auch Faktoren wie Bevölkerungswachstum in Skandinavien eine Rolle, aber der jahrhundertelange Widerstand der Dänen gegen den Zugriff von (erst fränkischen, dann deutschen) Missionaren auf ihr Land (mit einer neuen Wikingerkrise nach Harald Blauzahns Tod Ende des 10. Jahrhunderts) verrät die wesentlichen Impulse hinter dem „Wikinger-Phänomen".

Nach der Regierungszeit des großen Königs Godfrid brachen also schwere innerdänische Konflikte aus. *Adam von Bremen* bemerkt zutreffend: *„Es gab auch <u>andere Könige</u> der Dänen oder Nordmannen, die zu dieser Zeit das Frankenreich mit Pirateneinfällen nervten..."* In ganz Skandinavien sah es damals so aus, dass nicht <u>ein</u> König, sondern daneben eine Vielzahl über kleinere Territorien herrschten – und wer verdrängt wurde, ging auf Wikingerfahrt!

So ein Kandidat könnte auch Ragnar Lodbrok gewesen sein. *Saxo* macht ihn zu einem Mitglied der weitverzweigten Königssippe, was natürlich nicht ausgeschlossen ist, in Hinblick auf seinen Status als Anführer respektabler Gefolgschaften. Bei *Saxo* ist Ragnar erbitterter Gegenspieler des profränkischen Harald „Klak" (= Schmutzfleck), den *Saxo* seinerseits „Tyrann" schmäht – auch das nicht unwahrscheinlich. Selbst Angehörige von Dynastien bildeten damals untereinander oppositionelle Lager.

Die nordischen Sagen veranschaulichen, dass Ragnar als ein zunächst im Kattegat operierender Seekönig seinen Einfluss immer mehr ausgebaut hat, mit Hilfe von Verwandten und Gefolgsleuten aus dem <u>dänisch-norwegischen</u> Umfeld. Rings um Skagerrak und Kattegat schien er gut vernetzt, ganz typisch nach Wikingerart: „*Er zog Truppen und Kriegsschiffe zusammen und wurde ein so großer Krieger, dass man seinesgleichen kaum fand.*", schwärmt „Ragnars Saga". Somit war er in den Gebieten verankert, die auch in König Godfrids Einflussbereich gelegen hatten. Die „Rebellen", die Harald Klak in *Vestfold* laut fränkischen Quellen bekämpfte, könnten durchaus Ragnars Anhänger gewesen sein.

Was sagen zeitgenössische Quellen zu jenem so charismatischen Wikingerfürsten? Da wäre ein in fränkischen Jahrbüchern erwähnter Regner bzw. Raginerius, berüchtigt durch seinen kühnen Überfall auf Paris im Jahre 845. Mit 120 Schiffen soll er seineaufwärts gesegelt sein und dabei gleich noch Rouen (künftige Hauptstadt der Normandie) heimgesucht haben! Außerdem hat er die Franken damit traumatisiert, dass er öffentlich über 100 gefangene Krieger dem Gott Odin weihte! Solche Unternehmungen setzten ein beachtliches Gefolge sowie Ansehen dieses Seekönigs voraus. Und erst der Tribut, den er frech vom fränkischen Kaiser für seinen Abzug einkassierte – 7000 Pfund in Gold und Silber! Die Überlieferung des von Ragnars Wikingern bei der Gelegenheit geplünderten Klosters *St. Germain* erinnert sich empört, wie Barbarenführer Ragnar mit seiner Beute in der Heimat Dänemark prahlte:

„*Ragenarius, Anführer und alleiniger Urheber all dieses Übels, das er dem christlichen Volk angetan hatte, trat mit maßlosem Stolz vor König Horik und zeigte ihm viel Gold und Silber, das er* geraubt hatte... und erzählte ihm, dass er die Stadt Paris eingenommen hätte und ins Kloster St. Germain eingedrungen wäre... und sich das gesamte Reich König Karls unterworfen hätte. Da aber der König solchen Berichten nicht glaubte, ließ besagter Ragenarius einen Balken aus dem Kloster sowie einen Riegel vom Pariser Stadttor als Beweis herbeibringen."

Dreistigkeit pur, zumal gerade fränkische Gesandte anwesend waren! Gerade darum war König Horik[3] dieser Vorfall wohl äußerst peinlich, da er sich neuerdings um gute Beziehungen zum Frankenreich bemühte. Allerdings ereilte zur großen Genugtuung des schreibenden Mönchs diesen Ragenarius umgehend das göttliche Strafgericht, denn noch während seines Geprahles brach er (angeblich) zusammen:

„Zitternd und angstvoll fiel er zu Boden und begann mit unnatürlicher Stimme zu schreien, dass Germain persönlich vor ihm stand... Derselbe Ragenarius, Lästerer Gottes und aller Heiligen, der mit aufgeblähtem und stolzem Herzen vor den König getreten war, wurde von anderen zu seinem eigenen Haus getragen, erniedrigt, verwirrt und gezüchtigt vom allerheiligsten Germain. Drei Tage lang erlitt er die größten Qualen und ordnete an, eine goldene Statue zu errichten und sie zu Germain bringen zu lassen... Außerdem schwor er, Christ zu werden... Weil er aber nicht Christus' Herde angehörte und auch nicht zum Weiterleben bestimmt war,... blieb er aufgeschwollen..., so dass weder Hörsinn noch Sehsinn noch Geruchssinn noch Geschmackssinn in seinem Leib vorhanden waren. ... Er brach entzwei, und all seine

---

3   Horik war ein Sohn von König Godfrid

Gedärme quollen auf den Boden."

Zu solch aufgeputzter klerikaler Propaganda erübrigt sich wirklich jeder Kommentar – derlei Ergüsse über „gerechte göttliche Bestrafung" finden sich in der mittelalterlichen Literatur zuhauf – man lese beispielsweise vom göttlichen Strafgericht, das umgehend über den heidnischen Slawenfürsten Mistoi kam nach der Plünderung von Hamburg: Dem Wahnsinn verfallen, *„vom Heiligen Laurentius verbrannt"*, hauchte er verdientermaßen sein Leben aus (laut *Thietmar von Merseburg*). Ein Standardmotiv also.

Sollte Ragnar wirklich am dänischen Königshof so schlecht geworden sein, dass er zusammenbrach und eventuell verstarb, könnte er sich auf seiner Reise einfach etwas eingefangen haben. Denn wie andernorts berichtet wurde, war in seinem Heer die Ruhr ausgebrochen. Oder hatte man ihm am Hof etwas ins Trinkhorn gemischt? Man bedenke: Sein fulminanter Auftritt passte nicht zu Horiks augenblicklicher Politik – und Letzterer soll Ragnars Anhänger danach prompt verfolgen und hinrichten haben lassen. Vergessen wir nicht: Auch der wehrhafte König Godfrid war seinerzeit „im passenden Augenblick" beseitigt worden. König Horiks Sippe wurde ihrerseits um 854 in einem Blutbad nahezu ausgerottet – möglicherweise ein Nachspiel der Ereignisse um 845. Solch jahrzehntelange politische Wirren unter den Dänen, angefacht auch noch durch fränkische Intrigen, gingen einher mit ausgedehnten Wikingerzügen. Durchaus kein Wunder...

Jener Eroberer von Paris, Regner/Raginerius in der fränkischen Namensform, wäre wahrhaftig ein passender Kandidat als historisch greifbares Vorbild für den charismatischen Ragnar Lodbrok! Es würde auch in den zeitlichen Rahmen passen. Die Wikingeraktivität an den europäischen Küsten hatte ja seit den 30er Jahren des 9. Jahrhunderts einen ersten Höhepunkt erreicht. Ab den 50er und 60er Jahren tauchen dann solche Personen, die als Lodbrok-Söhne gelten, in den Quellen auf.

Ob aber der historische Ragnar ein solch beeindruckendes Panorama von Abenteuerfahrten absolviert hat, wie es ihm *Saxo Grammaticus* zuschreibt? Nachdem er den Schweden ordentlich eingeheizt hat, zieht er erstmal bis zum Hellespont (!) und besiegt danach den russischen König. Auf seinem Zug gegen „Permland" ergeht es ihm allerdings beinahe so wie Napoleon auf seinem desaströsen Rückmarsch durch den russischen Winter, da die Feinde gegen ihn „Wettermagie" einsetzen. Auch die Finnen erweisen sich als unangenehm zäh. Selbstverständlich aber zeigt sich der unverwüstliche Ragnar Lodenhose als Stehaufmännchen.

Ganz ohne Zweifel sind da die Fahrten diverser Wikinger vermixt. Zum Beispiel die spektakulären Unternehmungen der späteren sog. Waräger unter Rurik ins östliche Baltikum und bis nach Nordwestrussland sowie belegte Züge der Dänen ostwärts, an denen möglicherweise „Lodbrok-Söhne" beteiligt waren.

13

Den Sagen zufolge bildeten Ragnar und seine stolze Sohnesschar ein regelrechtes Wikinger-Syndikat, das sich Europa untereinander aufteilte. Das Problem ist aber: Ein Vater namens Ragnar Lodbrok ist erst ab dem 12. Jahrhundert für den Piraten-Clan überliefert! Eine deutsche Quelle, nämlich *Adam von Bremen*, ist mit die früheste, die Ivar als „*Sohn von Lodparch*" (so geschrieben) identifiziert (Ende des 11. Jahrhunderts)! Zur selben Zeit nennt ein normannischer Geschichtsschreiber den legendären Björn-Eisenseite „*Sohn von König Lothbrok*". In England sprach man überall ohnehin nur von Lothbrok. Eine irische Chronik[4] des 11. Jahrhunderts hingegen kennt die berüchtigten Wikinger als „*Söhne des Ragnall*" (= irische Form für Ragnald). Das verkompliziert die Sache ungemein. Verbergen sich hinter „Lodbrok", „Ragnar" oder „Ragnall" gar zwei oder mehr historische Urbilder rastlos durch Europa räubernder Wikingeranführer?

Selbst der Beiname „Lodbrok" ist nur auf den ersten Blick eindeutig: Indem er laut Sagas auf Ragnars derbe „Lodenhosen" verweist[5]. Nun wurden allerdings alternative Deutungen ins Spiel gebracht: Beispielsweise eine Ableitung von altenglisch „leodbroga" (= Leuteschreck). Somit hätten Ragnar & Söhne den Beinamen „Leuteschreck" getragen, den ihnen die (von ihnen gepeinigten) Angelsachsen gegeben hätten. Etwas für sich hat die ähnliche Theorie, „Lothbrok" lasse sich herleiten

---

4 Fragmentary Annals
5 Siehe Kapitel „Ragnar und seine Frauen"

von mittelenglisch „loth" (= verhasst) plus „broga" (= Schreck), so dass die „Lodbrok-Söhne" als „Söhne des verhassten Schreckens" galten. Das würde erklären, warum „Lothbrok" zunächst in England verbreitet war. Es könnte sich also um eine Bezeichnung, sozusagen ein Label für einen berüchtigten Wikingerverband handeln - nämlich jenes „Syndikat", welches England zwischen 865 und 878 zu erobern suchte.

Hinter dem „Lodbrok-Syndikat" dürften Großfamilienverbände gesteckt haben, vielleicht sogar Bruderschaften, die ihre Wikingerfahrten gemeinsam organisierten und über beträchtliche Gefolgschaften verfügten. Die historisch greifbaren „Lodbrok-Söhne" Ivar, Ubbe, Sigurd und Björn sind mit Zügen nach Irland, England, Flandern, ins Frankenreich und von Spanien angeblich bis Nordafrika nachgewiesen. Das deckt sich mit dem, was historisch seriöse Quellen berichten. Sie hätten somit zur „Crème de la Crème" der Wikinger gehört und wären von späterer Sage aufgeblasen worden zu „den Lodbroks". Wie es die „Annalen von Lund" für das Jahr 856 trefflich formulieren: *„Die äußerst wilden und grausamen Lodbrok-Söhne quälten Gallien mit Piratenangriffen."* Man beachte: Auch hier wieder nur: „Lodbrok-Söhne"!

Dass diese Schwerenöter in irgendeiner verwandtschaftlichen Beziehung zum Paris-Eroberer Raginerius (Ragnar) standen, wäre durchaus nicht unwahrscheinlich. Leider gibt es keinen historischen Beleg. Einen anderen so berühmten Ragnar aus jener Zeit kennt man nicht! Nun gab es aber noch den ähnlichen (und viel häufigeren) Namen **Ragnald** - und hier kommen wir auf jene bereits erwähnte irische Quelle zurück, die von *„Söhnen des Ragnall* (Ragnald)" spricht. Sie ist immerhin „nur" ca. 200 Jahre nach den hier relevanten Ereignissen verfasst und dann auch noch in Irland, wo Ivars Lebensschwerpunkt lag. Ihre Angaben verdienen also klar den Vorzug vor der nordischen Ragnar-Tradition. Beide Namen konnte man ohnehin leicht verwechseln...

Besagte irische Annalen nennen Ragnald Sohn eines skandinavischen Königs namens Halfdan, und geben an, dass er infolge von Nachfolgestreitigkeiten aus seiner Heimat vertrieben worden wäre. Bestätigt wird dies von einer anderen (wenn auch späten) irischen Quelle, der zufolge einer von Ivars Brüdern, Halfdan, Sohn eines Ragnald war. Dessen Vertreibung würde gut passen zum zeitlichen Umfeld (Stichwort: dänischer Bürgerkrieg).

Vater des bereits erwähnten Königs Harald Klak war ein Halfdan. Die irischen Angaben lassen sich sogar vereinbaren mit *Saxos* Behauptung, Ragnar wäre Sohn von König Ring – Letzterer war unter dem Namen Anulo[6] nämlich ebenfalls Sohn des oben genannten Halfdan! Ragnald könnte somit ein Bruder oder Neffe Harald Klaks sein, und es scheint gut vorstellbar, dass er sich vor dessen frankenfreundlicher Politik ins „Exil" bzw. auf Wikingertour abgesetzt hat.

---

6   Lateinisch = Ring

Weiterhin informieren die irischen Annalen, dass jener Ragnald mit drei bzw. vier Söhnen auf den *Orkney*-Inseln ein Piratennest aufbaute. Und hier kommt eine weitere interessante Quelle ins Spiel: Nämlich „Krákumál"[7] - das sogenannte Sterbelied Ragnars. Es ist zwar auch eine hochmittelalterliche Schöpfung, beeinflusst von den Sagas. Vor allem wurde es wahrscheinlich auf den skandinavisch beherrschten *Orkneys* verfasst. Im „Krákumál" zählt der seinen Hinrichtungstod erwartende Held[8] noch einmal all seine Taten auf, die Highlights seiner Wikingerfahrten sozusagen. Bei aller dichterischer Ausschmückung und martialischem Pathos – ein wenig liest sich das wie ein Reisetagebuch, und vor allem in der zweiten Hälfte jener Ballade finden sich Schauplätze, die eine sinnvoll angelegte Reiseroute ergeben und sich zum Teil sogar mit Angaben von *Saxo* decken sowie mit historischen Fakten abgeglichen werden können.[9]

Außer dem „Krákumál" existiert auf den *Orkneys* eine ganze Reihe von Traditionen zu „den Lodbroks": Im 12. Jahrhundert verfasste der Earl von Orkney, Nachkomme wikingischer Herrscher, eine andere Dichtung, *Hattalykill*, die auch auf Ragnar & Söhne Bezug nimmt. Etwas ganz Besonderes ist ein Runengraffiti in einem uralten Megalithgrab, das das Treiben „der Lodbroks" auf den *Orkneys* bezeugt (auch wenn es ebenfalls im hohen

---

7   „das Lied des Raben" (bzw. der Krähe)
8   Der Name Ragnar fällt hier nicht, aber es ist klar, dass er gemeint ist!
9   Dazu Kapitel „Ragnald von Orkney" und „Ragnars mysteriöses Ende"

Mittelalter geritzt wurde).

Um 850 waren die *Orkneys* längst von Wikingern frequentiert. Eine Kolonie des norwegischen Königtums waren sie damals jedoch noch nicht – auch wenn Islandsagas es so sehen. Eine feste administrative Führung bekamen sie wohl frühestens um 900, nachmals das sog. „Earldom of Orkney". Immerhin kennen die Sagas als Begründer der *Orkney*-Herrschaft einen gewissen Rögnvald – also Ragnald. Die Tradition weist diesem Ragnald gar Vorfahren und Söhne namens Ivar zu!

Sogar *Saxo* bestätigt Ragnars Ambition, seinen Söhnen auf den *Orkneys* feste Herrschaftsbereiche zu verschaffen. Außerdem wäre da noch jene recht realistische Schilderung in der „Historia Norvegiae"[10] (Geschichte Norwegens):

„In den Tagen von Harald Schönhaar... zogen gewisse Piraten aus der Familie des äußerst kraftvollen Fürsten Ronald (= Ragnald) mit einer großen Flotte aus, überquerten die See und unterwarfen sich die Inseln (d.h. Orkneys/Hebriden). Und weil sie dort mit sicheren Winterquartieren ausgestattet waren, machten sie sich im Sommer daran, Tyrannei auszuüben über Engländer, Schotten, manchmal auch über die Iren..."

Demnach ließe sich rekonstruieren: Ein Seekönig namens Ragnald hat infolge von dynastischen Streitigkeiten in seiner Heimat (Dänemark-Norwegen) seine wikingischen Aktivitäten auf das nordwestliche Europa verlagert. Für räubernde Wikinger waren die *Orkneys* natürlich ein Top-

---

10 Aus dem 12. Jh.

Standquartier; und genauso operierten Wikinger – indem sie sich Inseln als Winterquartier auserkoren, um von da aus ihre Züge zu starten (in Frankreich war z. B. die Insel *Noirmoutier* so ein Winterlager, in England etwa die Themse-Insel *Sheppey*).

Die Familienchroniken nicht weniger schottischer Clans verweisen auf ihre wikingischen Wurzeln und ihre Verbindung zu den Herrschern der *Orkneys*. Dort weiß man, dass „*Ivar von König Ronald abstammte*" („Clan-Iver"). Die Bedeutung der *Orkney*-Wikinger scheint gar in der hochmittelalterlichen Artus-Sage weiterzuleben. Artus' Schwiegervater Loth, König der *Orkneys*, hat Verbindungen zu Norwegen! Sein Sohn Gawain wird als König von *Galloway* vorgestellt, was von Ragnalds Nachfahren beherrscht wurde. Sie alle, auch Artus' Schwiegersohn Urien, haben Raben im Wappen – das „Totemtier" der Lodbrok-Söhne![11] Die Vermischung gälisch-walisisch-schottischer sowie nordischer Elemente rührt von den engen Kontakten zwischen Wikingern und Einheimischen her.

Fassen wir zusammen: Der Paris-Eroberer Ragnar sowie wahrscheinlich ein vertriebener Königssohn Ragnald bilden die „Bausteine" für den sagenhaften Ragnar Lodbrok. Bezogen auf die Sagas verwende ich künftig Ragnar, bezogen auf die Geschichte Ragnald.

In irischer Überlieferung werden Ragnalds Nachfahren und

---

11 Siehe dazu „Der lange Kampf gegen Wessex" und „Ivars Erben"

Gefolgsleute als „Auniten" bezeichnet. Das klingt nach einem exotischen Volksstamm, nimmt aber wohl Bezug auf den sagenhaften König Aun von *Uppsala*, den die spätere „Ynglinga-Saga" kennt. Hier werden also ebenso enge (Verwandtschafts-)Beziehungen zu schwedischen Dynastien erkennbar. Es gab ja zu Ivars Zeit noch keine Nationen Dänemark, Schweden und Norwegen. Der große Einfluss der „Lodbrok-Söhne" wurzelt auch in ihrer Abstammung von hochkarätigen Geschlechtern in ganz Skandinavien, mit der sie (wenn sogar die Iren davon wussten) kräftig Propaganda trieben. Die Nachwelt gliederte ihnen, wie wir gleich sehen werden, schließlich noch den „Supermann" des mittelalterlichen Sagenhimmels an.

Ragnar und seine Frauen

In den Sagas ist Ragnar Lodbrok nicht nur Wikingerheld, sondern ebenso ein leidenschaftlicher Frauenfreund: Mindestens drei Ehen ging er ein, aus denen dann reichlich Nachkommenschaft floss. Übrigens kam er auch über ein Liebesabenteuer zu seinem Beinamen „Lodenhose":

Es war einmal ein König oder Jarl Herraud in Schweden, der seine Tochter mit Geschenken verwöhnte. Als er ihr eines Tages von einem Ausflug zwei Lindwurmbabys mitbrachte, übernahm Tochter Thora begeistert die Aufzucht des (noch) niedlichen Gewürms. Da dieses sich freilich immer mehr auswuchs, geriet das Königreich eines Tages ernsthaft in Gefahr. Gesucht wurde daher ein professioneller Kammerjäger, um diese nunmehr außer Kontrolle geratenen Haustiere furchtlos zu entsorgen. Als Ragnar davon hörte, nahm er natürlich die Gelegenheit freudig wahr, seine Kühnheit unter Beweis zu stellen, und reiste umgehend zum schwedischen *jurassic parc*. Nicht ohne sich gut vorzubereiten (laut *Saxo*):

„Er bat seine Zofe um einen Wollmantel sowie um Beinkleider, die sehr haarig waren, mit denen er die Schlangenbisse abwehren konnte. Er dachte, er sollte mit Haar gepolsterte Kleidung benutzen, um sich zu schützen, und wählte darüber hinaus solche Kleidung, die ihn nicht in der Bewegung einschränkte....

In Schweden gelandet, tauchte er wohlweislich seinen Körper ins

Wasser, als es dort gerade einen Frost gab; indem er seine Kleidung näßte, um sie weniger durchlässig zu machen, ließ er die Kälte sie steif frieren. ... Auf die Härte seiner gefrorenen Kleidung vertrauend, vereitelte Ragnar die giftigen Angriffe mittels seiner Montur. ... Die Drachenzähne wehrte er nämlich mit seinem Schild ab, ihr Gift aber mit seiner Kleidung... "

Solchermaßen über die Biester triumphierend wurde er vom erleichterten Regenten beglückwünscht: „*Der König betrachtete seine Kleidung näher und sah, dass sie rau und haarig war. ... Vor allem amüsierte er sich über den zottigen unteren Teil seiner Tracht, insbesondere über den groben Anblick seiner Hosen, so dass er ihm spaßeshalber den Spitznamen „Lodenhose" gab.*"

Obwohl so unfein gewandet wurde der tapfere Drachenbezwinger hernach als Schwiegersohn akzeptiert und führte die hübsche Thora heim. Die Befreiung von Königstöchtern aus der Gewalt unbändiger Lindwürmer ist übrigens ein beliebtes Sagenmotiv. Hinter solchen Ungetümen dürften sich nicht selten lästige Nebenbuhler verborgen haben.

Und Ragnars berühmte „haarige Beinkleider"? Müssen gar nicht so fabulös sein. Eine Gruppe von wikingischen „Spezialkämpfern", die berüchtigten *berserkar*, sollen fellige, zottige Kleidung getragen haben. Es wäre nicht überraschend, wenn ein Exemplar wie Ragnar zu solch einem „Kriegerbund" gezählt hätte.

Die schwedische Thora war nicht Ragnars erste Eroberung: Zuvor hatte er sich mit der norwegischen Schildmaid

Lagertha verbunden, die ihm in einer Schlacht aufgefallen war! Frauen als aktive Kämpferinnen – nur fantastische Zutat einer hochmittelalterlichen Saga oder Realität der Wikingerzeit? Man hat in Skandinavien nicht wenige skandinavische Frauengräber mit Waffen als Beigaben (Axt, Speer) gefunden; möglicherweise also zogen Frauen mit martialischen Neigungen mit in den Kampf, ebenso wie energische Königinnen ohne Mann an ihrer Seite herrschten.

Die Amazone Lagertha musste allerdings ihren Platz bald der anmutigen Thora räumen, nicht ohne ihm angeblich einen strammen Sohn sowie zwei Töchter geschenkt zu haben. Thora gebar ihm zwei weitere Söhne, bevor sie starb, von Ragnar tief betrauert. Nichtsdestoweniger hatte jener bald darauf an norwegischen Gestaden ein neues weibliches Wesen erspäht, um das zu werben sich lohnte: Die hübsche Bauerntochter Kraka (der er später auch sein Totenlied, „Krákumál", widmete)!

„Unterdessen hatte Kraka am Morgen das Vieh auf die Weide getrieben und sah, dass mehrere große Schiffe an Land gekommen waren.", hebt „Ragnars Saga" romantisch an. Mehrere Bedienstete aus Ragnars Gefolge werden zu einem Bauernhof geschickt, um dort Brot zu backen; stattdessen können sie sich an Krakas Schönheit nicht sattsehen. Als sich Ragnar über ihr derart missraten gebackenes Brot ärgert, reden sich seine Leute damit raus, *„sie hätten dort eine so schöne Jungfrau gesehen, ...dass es keine schönere auf der Welt gäbe. ... Ragnar sagte, er wisse doch, dass sie nicht so schön*

23

sein könne, wie Thora gewesen wäre."

Um sich selbst zu überzeugen, lädt Ragnar Kraka kurzerhand auf sein Schiff ein. Als er sie bei der Gelegenheit stürmisch verführen will, antwortet das Mädchen selbstbewusst, *„das könne nicht geschehen, sondern ich will, dass du erst den Brautkauf mit mir trinkst... das dünkt mir meiner würdig, so wie deiner und auch unserer Erben..."*

Bauernmädchen Kraka sollte sich nämlich als Aslaug, leibliche Tochter des Drachenbezwingers Sigurd und der Walküre Brynhild entpuppen! Da hatte Seekönig Ragnar wirklich standesgemäß geheiratet! Dann gebar sie ihm auch noch eine ganze Schar nachmals berühmter Söhne – darunter den Protagonisten dieser Biografie!

Ivars des Knochenlosen Großeltern mütterlicherseits waren also, noch einmal tief durchatmen: Drachentöter Sigurd und Brynhild – eben die aus dem Nibelungen-Familiendrama wohlbekannten Siegfried und Brunhild!

Jetzt wird es wirklich verzwickt: Unsere andere wichtige Quelle für Ragnars Belange, *Saxo Grammaticus*, kennt nämlich gar keine Aslaug als Gattin! Bei ihm ist offenbar Jarlstochter Thora die leibliche Mutter Ivars sowie der anderen Söhne. Haben also die isländischen Poeten da „aus dem Blauen gesponnen"?

Zunächst einmal: Sigurd und Brynhild waren in skandinavischen Landen durchs Mittelalter hindurch die Top-Stars unter den Sagenhelden! Im 13. Jahrhundert wurden beide in der „Völsunga Saga" gefeiert, doch schon aus der klassischen Wikingerzeit existieren archäologische Zeugnisse mit Darstellungen von Sigurds Drachenkampf als beliebtes Motiv, beispielsweise in England.

Schön und gut, nur kannte die ursprüngliche Fassung der „Völsunga Saga" keine der Verbindung Sigurd-Brynhild entsprungene Kinder, also auch keine Tochter Aslaug! Die Forschung hat nun herausgefunden, dass jene Aslaug erst nachträglich hinzugedichtet wurde, und zwar eigens für die isländische „Ragnars Saga", die ihrerseits als Fortsetzung der „Völsunga Saga" verfasst wurde!

Wozu nun eine solche Mauschelei, und das glatte 400 Jahre nach dem historischen Ragnar Lodbrok? Der Grund dürfte auf der Hand liegen: Aslaug bzw. Kraka war *„Tochter des Bauern Aki und der Bäuerin Grima"*, laut „Ragnars Saga" Aslaugs Zieheltern! Und wenn sie in Wahrheit die leiblichen Eltern waren? Man versteht nun vielleicht auch, warum Aslaug bei *Saxo Grammaticus* gar nicht existiert – die Dame war einfach nicht standesgemäß genug! Eventuell war die fantastische Version von Aslaug als Sigurdstochter zu *Saxos* Zeit noch nicht in Umlauf, so dass er nur die Bauerntochter kannte, die man besser verschwieg.

Hätte sich denn ein bereits erfolgreicher Seekönig wie Ragnar überhaupt zu einer Bauerntochter herabgelassen, um diese gar zu ehelichen? Immerhin legten die Skandinavier Wert auf gesellschaftliche Hierarchien. Drei Stände gab es: *Thraell* – die Unterschicht (Sklaven, Knechte); *Karl* – der Mittelstand (Bauern und Handwerker) sowie *Jarl* - der Adel. Aslaugs Vater Aki wird als „Karl" angegeben, hätte demnach dem Mittelstand angehört.

Da gibt es die nette Geschichte vom Vater Wilhelms des Eroberers, Graf Robert, der bei einem Ausritt die hübsche Tochter eines Gerbers Arlette sieht und sich prompt verliebt. Nun, geheiratet hat er sie nicht, weshalb Sohn Wilhelm auch der Beiname 'Bastard' verpasst wurde. In Wilhelm dem Eroberer und Papa Robert floss immerhin Wikingerblut. In dem Moment, wo das Herz sprach, pfiffen Graf Robert im 11. Jahrhundert und Ragnar Lodbrok im 9. Jahrhundert offenbar auf jegliche Klassenunterschiede. Bauerntochter Aslaug/Kraka und Nebenfrau Arlette durften als Mütter triumphieren: Ihre Söhne waren es, die den Sprung in die Geschichtsbücher schafften!

Möglicherweise hat auch Ragnar Aslaug nicht rechtskräftig geehelicht. Er nahm sich nämlich angeblich noch eine weitere Frau namens Swanloga, die ihn aber zum zweiten Mal zum Witwer machte. Kraka/Aslaug hingegen soll den Sagas zufolge ein hohes Alter erreicht haben. Der Name Kraka könnte ein Beiname gewesen sein, da er „Krähe" bedeutete. Der Sage zufolge verstand Aslaug die Vogelsprache.

Auch wenn Sigurd der Drachentöter als Phantasie-Großvater entlarvt ist – gab es möglicherweise ein historisches Vorbild? Immerhin lebte um 800, also eine Generation vor Ivar, ein historischer König Siegfried – wahrscheinlich der Vater des berühmten König Godfrid von *Haithabu*. Viel weiß man leider nicht, außer dass dieser Siegfried den ins Exil gegangenen Sachsenführer Widukind vorübergehend aufnahm. Ausgeschlossen ist nicht, dass zwischen König Siegfried und Ivar bzw. Vater Ragnald engere verwandtschaftliche Beziehungen bestanden...

Björn Eisenseite, Sigurd Schlangenauge und...

Ivar der Knochenlose

Dem dänischen Geschichtsschreiber *Saxo Grammaticus* war daran gelegen, eine Verbindung des großen Sagenhelden Ragnar zu Knut dem Großen herzustellen, der Dänemark sowie England im 11. Jahrhundert regierte. Nun gehörte der legendäre Ragnar Lodbrok aber nicht nur den Dänen; da die Sagentradition ihm Connexions bis nach Norwegen sowie Schweden zuschreibt, wollten die nach Island ausgewanderten Norweger ihn ebenfalls vereinnahmen – und führten ihn ihrerseits in den hochmittelalterlichen Sagas als Ahnen der norwegischen Königsdynastie vor. Was man aus all dem erkennt: In der Hierarchie der Top-Sagenhelden rangierte Ragnar Lodbrok im 12. - 14. Jahrhundert in Dänemark sowie im norwegischen Island ganz oben (gleich nach Sigurd Drachentöter und Brynhild, denen er auch verwandtschaftlich angegliedert wurde). Seine Popularität war offenbar einem Robin Hood vergleichbar. Er erfüllte ja auch alle Voraussetzungen einer solchen Heldengestalt – als Frauen-Eroberer, verwegener Wikinger und vor allem mit einem tragischen Lebensende!

Da versteht es sich von selbst, dass er auch als Erzeuger einer Schar strammer Söhne glänzte – elf an der Zahl aus drei Ehen präsentiert *Saxo Grammaticus*! Die zauderten nicht, in Papas Fußstapfen zu treten, so dass da ein ganz ordentliches Lodbrok-Syndikat heranwuchs. In solchem Kindersegen sah übrigens der hochmittelalterliche Chronist *John of Wallingford* die Wurzel allen Übels, hinsichtlich der Wikingerangriffe auf England:

„Übermäßiger Sinnlichkeit ergeben gingen die jungen Männer Verbindungen zu verschiedenen Frauen ein und wurden Väter zahlloser Nachkommen; und es wurde feste Sitte unter (den Dänen), dass sie, wenn ihre Heimat sie nicht länger ernähren konnte, vertrieben werden sollten, um sich einen anderen Aufenthalt zu suchen."

Genau das war dann der Werdegang der Lodbrok-Brut. Zunächst einmal mussten sie groß und stark werden. Zwei unter ihnen hatten recht vielversprechende Beinamen – und *Saxo Grammaticus* weiß zu ihrer Erklärung natürlich tolle Fabeln zu erzählen. Da war einmal Sigurd Schlangenauge: In einer Schlacht verletzt, ließ er sich nach dem Kampf behandeln, als plötzlich ein geheimnisvoller Heiler auftauchte, riesig von Gestalt. Sigurd wurde durch Handauflegen geheilt, nachdem er dem geheimnisvollen Helfer versprochen hatte, ihm die Seelen aller künftig im Kampf getöteten Feinde zu weihen. Nun, es spricht einiges dafür, dass hier ein Gott in die Rolle des Heilers geschlüpft war – denn wem wurden getötete Feinde geweiht? Natürlich den Göttern. Das Thema wird uns später noch einmal beschäftigen.

Der unbekannte Arzt hatte jedoch nicht nur Sigurds Kampfverletzung geheilt, sondern *„ihm Staub in die Augen* *gestreut... Plötzlich tauchten Flecke auf, und zum Erstaunen der Betrachter schien der Staub das Aussehen von kleinen Schlangen anzunehmen."*

Die „Saga von Ragnars Söhnen" stellt eher sachlich fest: *„Da war ein Zeichen in seinem Auge, als ob eine Schlange um seine Pupille lag."* Womöglich hatte Sigurd einfach eine „Besonderheit" im Glaskörper (eventuell in Zusammenhang mit seiner Verletzung?). Frühmittelalterliche Menschen, für Aberglauben leicht empfänglich, mussten darin freilich etwas Zauberhaftes sehen. Deshalb fiel ja auch Sigurds alte Pflegerin ganz erschrocken in Ohnmacht...

Keine medizinische Ursache hat hingegen der Beiname von Sigurds Bruder Björn – „Eisenseite": Den hat sich der tapfere Björn natürlich im Kampf erworben, als er (laut *Saxo*) ganz viele Schweden niederstreckte, selbst jedoch unverletzt blieb! Im späteren nordfranzösischen Normannenreich erzählte man sich, dass *„er unverwundbar war..., weil seine Mutter ihn mit einer starken Magie erfüllt hatte."* Möglicherweise ist aber dem historischen englischen König Edmund „Eisenseite" (aus dem 11. Jahrhundert) einfach der Beiname geklaut worden...

Auch Frauen blieben übrigens von Beinamen nicht verschont – ein heftiges Beispiel wäre *Edith Schwanenhals* (die im 11. Jahrhundert lebte)!

Was die Analyse von Beinamen angeht, waren Ragnar „Lodenhose", Sigurd „Schlangenauge", Björn „Eisenseite" oder Edith „Schwanenhals" noch leichte Fälle. Doch Ivar „der Knochenlose"? Eine anatomische Unmöglichkeit!

Wie hat man diesen Beinamen dann zu verstehen? Darüber wurde – und wird immer noch – heiß debattiert.

Da wird etwa behauptet, „knochenlos" sei eine Metapher für „zeugungsunfähig". *„Er war so beschaffen, dass er weder Lust noch Liebe kannte."*, fabuliert die „Saga von Ragnars Söhnen". Wie das, wo Ivar eindeutig Nachkommen hatte? Nun war sein Lebenslauf in der Tat nicht so sehr von romantischen Liebesabenteuern gespickt wie der seines Vaters. Womöglich führte er nur eine einzige Ehe, was unter den Skandinaviern der Wikingerzeit eher ungewöhnlich war, die *John of Wallingford* als *„übermäßiger Sinnlichkeit ergeben"* auftischt.

War er vielleicht ein „Schlangenmensch"[12], extrem beweglich, dass sich der Eindruck einer Knochenlosigkeit aufdrängte? So ähnlich wie die skurril ineinander verschlungenen Tiergestalten auf wikingischen Kunstwerken, für die man damals zweifellos ein Faible hatte? Eine andere nordische Dichtung beschreibt ihn: *„Seine große Stärke befähigte ihn, sich mit einer Leichtigkeit und Eleganz zu bewegen und seine Waffen zu schwingen, die als* **schlangenähnlich** *beschrieben wurde."*[13]

Mehr Beachtung verdient die Theorie, Ivar könnte ein

---

12 Im Französischen ist die Bezeichnung für „Schlangenmensch" tatsächlich „knochenlos" (désossé)
13 In der Dichtung *Hattalykill*

31

Opfer der sog. „Glasknochenkrankheit" gewesen sein, zu medizinisch: *Osteogenesis Imperfecta*. Würde zu dem passen, was „Ragnars Saga" zu seinem Beinamen ausführt: *„Wo Knochen hätten sein sollen, war nur Knorpel."*

„Es sind weniger extreme Formen der Krankheit bekannt, wo das betroffene Individuum zwar nicht seine Beine benutzen kann, ansonsten aber normal entwickelt ist.", liest man auf www.englishmonarchs.co.uk. Auf dieser Website ist auch eine Dokumentation erwähnt, die 2003 unter dem Titel „The strangest viking" gedreht wurde. Regisseur Shaban leidet selbst an der Glasknochenkrankheit.

Ragnars Sohn Ivar schien in der Tat aus der Art geschlagen zu sein. Was man aus den verschiedensten Quellen sonst über seine Wesensart und Handeln erfährt, unterscheidet sich deutlich vom Bild des 'typischen' Wikingers: Keine heroischen Zweikämpfe, keine stürmischen Liebesabenteuer, keine prallen Besäufnisse; stattdessen brilliert dieser Erbe des strahlenden Ragnar mit – Weisheit und besonner Klugheit! Eigenschaften, die die Sagas schon mal mit uralten, abgeklärten Recken verbinden; Ivar hingegen ist bereits als Kind weise. Hat er damit seine erhebliche Behinderung kompensiert?

Der Fluch

„Am ersten Abend, als Ragnar und Aslaug ein Bett bestiegen, wollte er sie, als seine Ehefrau, umarmen; sie aber entwand sich ihm, 'denn ich sage dir, dass unser Kind etwas davontragen wird, wenn ich nicht meinen Willen habe.' ... Ragnar fragte, wie lange es denn noch so währen sollte. Da sang sie:

Noch drei Nächte sollen
keusch wir nebeneinander
ruhn im hohen Saale,
eh wir den heilgen Göttern
opfern; sonst wird schweres
Gebrechen meinem Sohne:
Zu rasch bist du zu zeugen
den, der kein Gebein hat.

Und obwohl sie dieses sang, so achtete doch Ragnar nicht darauf, sondern vollbrachte seinen Willen.“

Ein so entschlossener und stürmischer Charakter wie Ragnar Lodbrok mochte natürlich nicht um die Brautnacht betrogen werden, auf die er sicher, wie jeder frisch vermählte Mann, voller Ungeduld geharrt hatte! Diese Episode aus „Ragnars Saga“ enthüllt zugleich Interessantes über Aslaugs Wesensart: Sie war offenbar eine intuitive, ja sogar sensitive Person, die gewisse Dinge vorhersehen konnte. In der Tat zollte man weiblicher Seherkraft im heidnischen Skandinavien hohen Respekt. In anderen

Sagas weisen Frauen ihre Ehemänner oder sonstige Verwandte mit Träumen auf künftige Ereignisse hin. Aslaug/Kraka ist somit nicht nur schön und klug, sondern außergewöhnlich und geheimnisvoll.

Ragnar setzt sich über ihre Warnung dennoch hinweg, um *„seinen Willen zu vollbringen"*! Was nicht ohne Folge blieb:

„Nun vergingen die Tage, und ihre Ehe war glücklich und ihre Liebe groß. So geschah's, dass Kraka sich unwohl fühlte; sie kam nieder und gebar einen Sohn. Und der Knabe wurde mit Wasser besprengt und ihm der Name Ivar gegeben. Aber dieser Knabe war knochenlos, und nur Knorpel war überall, wo Gebein sein sollte. In seiner Jugend war er so groß von Wuchse, dass es nirgends seinesgleichen gab. ... Und überall, wohin sie fuhren (d.h. Familie Lodbrok), *ließ Ivar sich auf Stangen tragen, weil er nicht gehen konnte..."*

War Ragnars und Aslaugs erstgeborenes Kind also körperbehindert? Sollte die bereits erwähnte Glasknochentheorie stimmen, musste Ivar alles meiden, wobei er sich allzu leicht die Beine brechen konnte! Dieses Schicksal ereilte den französischen Maler *Henri de Toulouse-Lautrec*, als er in seiner Jugend nach zwei schlecht verheilten Beinbrüchen künftig auf Stummelbeinen stand. *Toulouse-Lautrec*, aus hohem südfranzösischem Adel, *„war von nun an von zahlreichen Gepflogenheiten des aristokratischen Lebens wie z. B. militärischer Karriere, Jagd und Bällen ausgeschlossen."*[14] Musste für den Sohn eines wikingischen Seekönigs eine

---

14 Henri de Toulouse-Lautrec, Mini Kunstführer 2005

34

solche Einschränkung nicht ähnlich verheerend sein?

Saxo hingegen teilt mit, Ivar hätte bereits mit sechs Jahren die Kraft eines Erwachsenen gehabt und mitgekämpft. Auf den ersten Blick sagenhafte Übertreibung. Nun verrät aber „Ragnars Saga", dass er offenbar schnell gewachsen und schon als Jugendlicher ungewöhnlich groß war. Natürlich konnten auch aus extremem und zu schnellem Wachstum Gehprobleme resultieren.

Hierbei ist es ganz informativ, sich dem nachweisbar größten Menschen der modernen Zeit zuzuwenden: Das war der Amerikaner *Robert Wadlow* (1918 - 1940), der sagenhafte 2.72m maß![15] Er litt allerdings an einem Tumor, wodurch massenhaft Wachstumshormone ausgeschüttet wurden. Durch das schnelle Wachstum wurden seine Knochen geschädigt, so dass er Beinschienen tragen musste. Auf einem Foto sieht man ihn liegend ein Interview geben. Bereits mit vier Jahren war er über 1.60m groß – in diesem Licht betrachtet erscheint somit *Saxos* Behauptung, Ivar habe mit sechs Jahren bereits die Kraft eines Erwachsenen gehabt, nicht undenkbar. Und wie später noch gezeigt werden wird, hat man das Skelett eines hünenhaften Wikingers gefunden![16]

Ob nun Glasknochen oder Übergröße - Ivar schaffte es offenbar, die körperlichen Einschränkungen zu kompensieren: Während seine Brüder mit Körperstärke

---

15 Laut Wikipedia-Artikel zu *Wadlow*
16 Siehe Kapitel „Ivars Grusel-Grab"

35

und Tollkühnheit glänzten, war er *„so klug, dass es ungewiss ist, ob noch ein klügerer Mann gelebt hat als er. ... Er musste (seinen Brüdern) Rat geben, bei all ihren Unternehmungen."*

„Ragnars Saga", im 13. Jahrhundert auf Island verfasst, liefert nicht den ersten Beleg des Beinamens „der Knochenlose" („inn Beinlausi"). Man kannte ihn schon im 12. Jahrhundert auf den *Orkneys.* Außerdem weiß von Ivars Anomalie auch eine dänische Chronik[17]: *„Lothpards Sohn Iwar, von dem man sagte, dass ihm Knochen fehlten."* Hier wird noch nicht von einem Beinamen gesprochen, sondern nur, dass Ivar *„Knochen fehlten".* Kein Wort darüber hingegen bei *Saxo Grammaticus,* der im 12. Jahrhundert seine „Taten der Dänen" herausgebracht hat. Auch keine Erwähnung in zeitgenössischen Quellen, die über Ivars Taten als Wikinger berichten. Ist der Beiname womöglich doch phantastische Ausschmückung?

Interessanterweise existierte auch im alten China ein Mythos vom „knochenlosen König". Dieser König *Hsue* entschlüpfte einem Ei, das zuvor ein Hund aus dem Wasser gerettet hatte. *„Die Knochenlosigkeit des Königs scheint anzudeuten, dass er Fisch-ähnlich war.... Er war der Vorfahre einer Sippe, deren Name nahezu identisch mit dem Wort 'Fisch' war... Fisch kann man als 'knochenlos' bezeichnen. Daher ist es nicht undenkbar, dass der König ein Fischgeist war..."*[18] Diesem Königsgeschlecht wurde eine Verbindung zu Inseln nachgesagt; es handelte sich also um eine Seefahrerdynastie.

---

17 „Chronik von Roskilde" 12. Jh.
18 W. Eberhard: „The local cultures of South and East China", 1969

Außerdem „*bedeutet das Wort 'hua' schlau, verräterisch, scharfsinnig' und erinnert offenbar an die Legenden des knochenlosen Königs* (König Hsue)."

China lag zwar (für mittelalterliche Verhältnisse) am anderen Ende der Welt; im 12./13. Jahrhundert können diese Mythen jedoch durchaus via Handel nach Europa gelangt sein. Die vielen Parallelen zu Ivar – das Thema „Wasser, Inseln und Seefahrt" sind auffällig, ebenso die König *Hsue* zugeschriebenen Eigenschaften der (Hinter)list und Schläue. Es kann daher nicht ausgeschlossen werden, dass solche Erzählungen auf die Legendenbildung um Ivar „den Knochenlosen" mit einwirkten.

Eine weitere Deutungsvariante des Beinamens wird später besprochen.[19]

---

19 Kapitel „Der mysteriöse Ivar Weitgreifer"

Familienfehde

In den besten Familien gibt's mal Unstimmigkeiten – vor allem in den Riesensippen der Wikinger! Kaum eine Saga, wo es an blutigen Familientragödien mangelte...

„Unterdessen wurde Ubbe von seinem Großvater dazu angestachelt, ruchlose Gelüste auf den Thron zu entwickeln; jeglichen Gedanken an den seinem Vater geschuldeten Respekt schrieb er in den Wind und forderte die Königswürde für sein eigenes Haupt.“, ereifert sich *Saxo Grammaticus* in seiner Abhandlung über „die Lodbroks“.

Ubbe war ein Halbbruder Ivars, möglicherweise aus einer illegitimen Verbindung (so deutet's wenigstens *Saxo* an). Als Jüngling war dieser Ubbe also von seinem machtgierigen Opa angeheizt worden, seinen Vater in der Herrschaftswürde zu verdrängen. Jungwolf gegen Rudelführer. Ziemliche Unruhen waren die Folge.

Offenbar hatte man versucht, auch Ivar da mit reinzuziehen, der dazumal „*Statthalter Jütlands*“ war. *Saxo* aber weiß: „*Ivar jedoch... fand, kein einziger Punkt in diesem verbrecherischen Krieg vertrage sich mit seiner eigenen rechtschaffenen Gesinnung! Einer Teilnahme am gottlosen Kampf kam er durch freiwillige Verbannung zuvor.*“

Da staunt man, waren doch Wikinger gewöhnlich voll dabei, wenn es in der Sippe krachte! Ivar aber wollte offenbar strikt neutral bleiben in diesem Konflikt und ging daher erstmal außer Reichweite. Somit blieben Vater Lodbrok und sein rebellischer Sprößling (mit Opa im Rücken) sich allein überlassen. Und Ragnar wäre nicht Ragnar gewesen, wenn er nicht auch diese Schwierigkeit bravourös gemeistert hätte. Nachdem der intrigante Großvater hingerichtet worden war, zeigte sich Ubbe umgehend reuig und versöhnte sich mit seinem Erzeuger.

„Wie nun Ivar vernahm, dass der Aufruhr daheim... beigelegt war, kam er nach Dänemark zurück. Ragnar empfing ihn mit größter Achtung, weil er in diesem wütend geführten widernatürlichen Krieg aufrichtig der Stimme seines Blutes gefolgt war."

Eine Episode, die in Untersuchungen über Ivars Werdegang gewöhnlich übersehen wird, leider. Denn sie enthüllt manches über seinen Charakter, was durch sein Verhalten in künftigen Auseinandersetzungen bestätigt wird. Sein Ausweichen ins Exil könnte als mangelnde Konfliktbereitschaft gewertet werden – sicher aber hatte er vorher vergeblich vermittelt. Zweitens: Er war eine Natur, die sich nicht leichtfertig aufhetzen ließ. Dafür verzichtete er sogar zeitweilig auf seine Machtstellung. Der Vater lohnte diese *„rechtschaffene und aufrichtige"* Haltung seinerseits mit Achtung. Außerdem übertrug er Ivar danach noch mehr Gebiete zur Verwaltung.

Diese kleine Episode wirft ein interessantes Licht auf die Vater-Sohn-Beziehung. Nicht nur ehrte Ragnar seinen Sohn Ivar – er verzieh auch Ubbe, der geschichtlich nachweisbar an Ivars Seite eine wichtige Rolle spielen sollte.

Nicht immer endeten wikingische Familienfehden also in einer Tragödie...

Historisch läßt sich diese Revolte leider nicht näher verankern. Sie muss aber vor 848 stattgefunden haben, da Ivar spätestens ab da nicht mehr in der Heimat Dänemark weilte.

Zug zur Weißen Stadt

„Nun waren auch Erik und Agnar, Ragnars und Thoras Söhne, gewaltige Männer... und sie zogen jeden Sommer mit Kriegsschiffen aus und waren berühmt durch ihre Heerfahrten. Da geschah es eines Tages, dass Ivar mit seinen Brüdern Hvitserk und Björn redete: Wie lange es so fortgehen sollte, dass sie daheim säßen und sich keinen Ruhm erwarben. Beide sagten, sie wollten seinem Rat folgen, hierin wie in anderem." („Ragnars Saga")

Die älteren Halbbrüder zogen schön in der Welt herum und waren bereits berühmt – da mochte auch ein Ivar nicht länger daheim stillsitzen. *„So lasst uns den Vater bitten,"* sagte Ivar, *„dass er uns Schiffe und Leute gebe, so dass wir mit allem wohl versehen sind; und damit wollen wir uns Gut und Ruhm erwerben, wenn es sich so fügen will."* *Nachdem sie dieses unter sich beraten hatten, baten sie Ragnar, dass er ihnen Schiffe gab und Leute, die schon erprobt und zu allen Gefahren gerüstet waren. Ragnar erfüllte ihre Bitte.*

Als nun ihre Mannschaft gerüstet war, fuhren sie vom Lande; und in allen Gefechten, welche sie auf ihrem Zuge bestanden, behielten sie die Oberhand, und so mehrte sich sehr ihr Gefolge und ihr Gut."

Hier wird offenbar auf eine eine typische Wikingerkarriere angespielt; mag sein, dass Ivar und seine Brüder mit derlei Kaperfahrten nahe den heimatlichen Gefilden starteten. Solchen Abenteurern ging der Heilige Ansgar, Bischof von

Hamburg, ins Netz, auf seinem Weg nach *Birka*, Schweden, ums Jahr 830:

„Als sie mitten auf ihrer Reise waren, fielen sie Piraten in die Hände..., die ihnen ihre Schiffe und jeglichen Besitz abnahmen... Sie büßten dort ihre Geschenke für den schwedischen König ein... Man erleichterte sie um nahezu 40 Bücher..."

So erinnerte man sich höchst ärgerlich in der Vita des Heiligen Ansgar. Die Geschenke, die Herr Ansgar dem Schwedenkönig zu übergeben hatte, stellten für Wikinger natürlich eine lukrative Beute dar, ebenso wie die 40 (religiösen) Bücher, sicher prachtvoll illustriert nach dem damaligen Zeitgeschmack. Die dienten den Räubern freilich nicht zur Lektüre, sondern wurden zu gutem Preis weitervertickert. So mancher fromme Christ kaufte damals Wikingern prachtvolle Kodices ab, damit sie wieder an ihren Platz kamen.

„Da sagte Ivar, sie müßten nun dorthin fahren, wo mehr Übermacht vorhanden wäre, um daran ihre Tapferkeit zu versuchen. Die anderen beiden fragten, ob er dergleichen wüßte. Da nannte er eine Stadt, die hieß Hvitaby: „Da werden Blutopfer begangen, und mancher hat schon versucht, sie zu überwinden, aber keiner sie besiegt..."

„Ist denn darin so viel und so tapferes Volk?", fragten jene, „oder finden sich dort andere Schwierigkeiten?"

Ivar antwortete, dort wäre beides, große Volksmenge und starkes Blutopfer; dadurch wären all ihre Gegner umgekommen, und keiner hätte standhalten können. Da sagten sie, er möchte entscheiden, ob sie dorthin fahren sollten oder nicht. „Ich will versuchen," beschloss er, „was mehr vermag – unsere Tapferkeit oder das Blutopfer der Bürger dort."

Jung Ivar war sicher ambitioniert, zumal die Fußstapfen des berüchtigten Vaters lockten. Aber es ist natürlich typisch Saga, dass man sich „aus Gaudi" einen Ort ausguckt, nur um sich an einer „Übermacht" und tollwütigen Kühen zu versuchen. Auf Wikingerzügen zählte vor allem lukrative Beute und/oder Machtzuwachs.

Hinter der als Ziel auserkorenen Stadt Hvitaby könnte sich das heutige *Vitaby* nahe der Ostküste *Schonens* verbergen. Eine Region, die Ivar und Brüder gewiss durch Züge mit ihrem Vater recht gut kannten.

„Sie fuhren nun dahin. Und als sie dort ans Land kamen, rüsteten sie sich zum Aussteigen, doch schien es ihnen nötig, dass einige Mannschaft die Schiffe bewachte. Und da ihr Bruder Rögnvald noch jung war, so dass er ihnen so großer Gefahr, wie sie ihnen wahrscheinlich hier bevorstand, noch nicht gewachsen schien, so ließen sie ihn mit etlicher Mannschaft die Schiffe bewachen.

Aber bevor sie ans Land gingen, sagte ihnen Ivar noch, die Burgmänner hätten zwei Rinder, nämlich zwei junge Kühe, vor denen noch alle entflohen wären, weil niemand ihr Gebrüll und ihre Zauberei aushalten könne. Ivar beschloss damit:

„Wehret euch aufs Tapferste, obschon euch einige Furcht ankommen wird; denn es bleibt hier nichts anderes übrig."

Sie scharten nun ihr Volk, und als sie sich der Burg näherten, gewahrten es die Bewohner der Stadt und eilten hin, die Rinder loszumachen, an die sie glaubten. Und sobald die Kühe losgelassen waren, sprangen sie wild hervor und brüllten fürchterlich. Als Ivar, wie er so auf dem Schilde getragen wurde, dieses sah, gebot er, ihm einen Bogen zu geben. Das geschah, und da schoss er auf diese bösen Zauberkühe, dass beide tot niederstürzten. Und so waren sie von diesen Ungeheuern erlöst und von dem Kampfe, vor dem sie die meiste Furcht hatten."

Allerdings sollte dieser erste Erfolg tragisch überschattet werden: Der jüngste Bruder Ragnald fand es nämlich zu langweilig, als Schiffswächter einen so spannenden Kampf zu verpassen. Nach dem Motto „Dabei sein ist alles" verließ er leichtsinnig seinen Posten und *„war überall der vorderste im Kampf, aber es endete damit, dass er fiel.*[20]" Umso entschlossener wurde nun die Festung erstürmt und rasiert.

Hier hatte es Ivar also mit sogenannten Heiligen Kühen zu tun. In der Tat soll es vor allem im heidnischen Schweden vor der Christianisierung einen Kuhkult gegeben haben. *„Diese Verehrung der Kühe galt wohl der Kuh Audumbla in der nordischen Kosmogonie.*", liest man etwa in der „Kirchengeschichte von Dänemark und Norwegen" von *F. Münter* (1823). Die mythologische Audum(b)la, Urahnin des Gottes Odin, war aus geschmolzenem Eis hervorgegangen.

---

20 In der Dichtung *Krákumál* fällt Ragnald auf den Hebriden als erwachsener Mann

Somit versteht man den Respekt, den selbst wilde Wikingerkrieger *Audumlas* Ebenbildern zollten. In Auseinandersetzungen zwischen Schweden und Dänen Mitte des 9. Jahrhunderts dürfte es allerdings nicht um den Kuhkult gegangen sein, sondern eher um handfeste politische Belange. So berichtet etwa die „Lebensgeschichte des Heiligen Ansgar", dass die Dänen die missionsfeindliche Partei in Schweden sowie einen abgesetzten Teilkönig unterstützten. Von diesen Ereignissen spricht vielleicht auch *Johannes Magnus* (16. Jh.) in seiner Geschichte der schwedischen Könige: dass *„Björn und Ivar mit riesigen Mengen an Kriegern den gesamten gotischen und schwedischen Staat fast niedergerungen hätten."* Einen „schwedischen Staat" gab es natürlich noch nicht, zumal *Schonen* ohnehin noch lange zum dänischen Hoheitsgebiet gehörte.

Die „Chronik von Roskilde" behauptet, die Lodbrok-Söhne hätten sich vor ihrem Ausgreifen nach Westen unter Ivars Führung Norwegen unterworfen. Auch hier ging es nicht um die Unterwerfung eines ganzen Landes, sondern um Ausbau bzw. Festigung von Einfluss, den wohl bereits ihr Vater in Teilen Südnorwegens ausgeübt hatte.

Diese mageren Angaben verraten immerhin, dass das Lodbrok-Syndikat sich in seiner Frühzeit engagiert eine feste Basis in Skandinavien aufzubauen suchte, bevor es seine ehrgeizigen Projekte in der Ferne startete.

Die Kuh Sibilja

Bleiben wir noch ein wenig in Schweden. „Ragnars Saga" fährt fort[21]:

„König Eystein herrschte über Schweden und hatte seinen Sitz zu Upsala. Er war mächtig und hatte viel Mannschaft, besaß Klugheit, war jedoch bösartig. Er war ein großer Opfermann. Zu Upsala fanden damals die größten Opfer in den Nordlanden statt. Sie glaubten an eine Kuh, welche sie Sibilja nennen. Ihr wurde so stark geopfert, dass vor ihrem Gebrüll keiner standhalten konnte, und deshalb war der König gewohnt, wenn er ein feindliches Heer erwartete, diese Kuh vor die Schlachtordnungen zu stellen, und mit solcher Teufelskraft war sie begabt, dass seine Feinde, sobald sie die Kuh hörten, so unsinnig wurden, dass sie sich selbst schlugen..."

Da haben wir wieder den uralten Kuhkult. Dass *Uppsala* ein bedeutendes heidnisches Zentrum war, bezeugt übrigens (noch im 11. Jahrhundert) *Adam von Bremen*: Er beschreibt einen prachtvollen Tempel daselbst, und dass alle neun Jahre dort ein Fest sämtlicher schwedischer Stämme begangen wurde.

Zu besagtem König Eystein hingegen finden sich kaum greifbare Hinweise. Im 7. Jahrhundert existierte ein solcher schwedischer Herrscher, der auch noch einen Sohn Ingvar

---

21 Nachfolgender Text der *Allgemeinen Encyclopädie der Wissenschaften und Künste*, 1843, aus dem Artikel „Eystein" entnommen (etwas ans heutige Deutsch angepasst)

hatte! Für einen Eystein (schwedisch: Östen) im 9. Jahrhundert, also der hier relevanten Zeit, sprechen immerhin Hinweise in anderen isländischen Sagawerken. Dieser Östen war dann wohl ein nicht unbedeutender Regionalkönig.

„König Eystein hatte Freundschaft mit vielen Männern und Häuptlingen und damals auch mit dem König Ragnar... Dieser und Eystein besuchten einander jeden Sommer abwechselnd...“

Und weil man sich so gut stand, stellte Eystein eines Tages dem Gast seine Tochter vor: *„Da sprachen Ragnars Leute untereinander, dass nichts Besseres wäre, als wenn er um die Tochter des Königs Eystein bäte und nicht länger die Tochter eines gemeinen Mannes hätte"* (womit Aslaug/Kraka gemeint war, die - wir erinnern uns - von einem norwegischen Bauernhof stammte). *„Als nach beendigtem Schmause Ragnar heimzog, wollte er seiner Gemahlin Kraka verheimlichen, dass eine Heirat mit der Tochter des Königs Eystein verabredet wäre. Ragnars Leute schwiegen, wie ihnen ihr Herr geboten hatte. Aber drei Vögel, welche auf dem Baum bei ihnen gesessen hatten, hatten Kraka bereits in Kenntnis gesetzt.“*

Das war es also mit der Heimlichtuerei. Bevor sie nun aber aufs Abstellgleis geschoben wurde, enthüllte Kraka endlich ihre wahre Identität: Dass sie Tochter Aslaug von Drachenbezwinger Sigurd und der edlen Brynhild war! Noch mal Glück gehabt. Denn mit solchen Schwiegereltern konnte König Eystein einfach nicht mithalten. Folglich

„war es mit der Freundschaft der beiden Könige zu Ende.“

47

Da half auch keine Diplomatie mehr. Historischer Hintergrund war somit wohl ein Zerwürfnis zwischen Seekönig Ragna(ld?) und schwedischem Regionalkönig Östen, nach jahrelang guter Nachbarschaft. Möglich, dass Ivars Vater die Hand einer Prinzessin ausgeschlagen hatte (weil er schon verheiratet war). Da sich nun Ragnar nicht mehr herabließ, König Östens Einladungen zu folgen, beantwortete Letzterer solchen Affront mit Aufrüstung. Ragnars älteste Söhne Erik und Agnar kamen ihm freilich zuvor mit einem Einmarsch nach Schweden. Das Ergebnis: Agnar fiel, Erik wurde gefangen genommen. Offenbar bemüht, den Bruch doch noch zu kitten, bot Östen nun Erik seine Tochter an – der lehnte stolz ab und bevorzugte es, hingerichtet zu werden!

So weit das Vorspiel laut „Ragnars Saga". In der „Saga von Ragnars Söhnen" präsentiert sich eine etwas andere Version: Hier verlangt Erik Östens Tochter, was wiederum der König ihm abschlägt – und es gibt keine Monsterkuh.

Kehren wir wieder zu dem ausgeschmückten Bericht von „Ragnars Saga" zurück[22]:

„Es fügte sich aber, dass Ivar mit seinen Brüdern früher heim kam als Ragnar. Kaum waren sie angelangt, so begab sich Aslaug zu ihren Söhnen..."

Sie hatte nämlich von Niederlage und Tod ihrer beiden Stiefsöhne Erik und Agnar erfahren, und da sie jene wie

---

22 Das Folgende ist wieder entnommen aus: *F. H. Von der Hagen*, Ragnars Saga, 1828

ihre eigen Kinder geliebt hatte, bedrängte sie die gerade Heimgekehrten: „*Es wäre unziemlich, wenn ihr solches ertragen würdet, und ich bitte euch und biete euch all meine Hilfe dazu, dass ihr sie lieber mehr denn minder rächt.*"

Ob das nur Schmerz über den Tod der Stiefsöhne war? Oder nicht doch eher ein Groll auf König Eystein, dessen Tochter Aslaug um ein Haar von ihrem Platz verdrängt hätte?

„*Da sagte Ivar:* „*Fürwahr, ich komme nimmer nach Schweden, um mit König Eystein und dem Götzenzauber dort zu kämpfen.*" *Sie drang heftig in ihre Söhne; Ivar aber, der das Wort führte, versagte beharrlich diese Heerfahrt.* ... „*Ich zweifle, dass es etwas hilft, obschon du ein Lied über das andere singst.* (Aslaug versuchte nämlich, ihre Sprößlinge mit allerlei Klageliedern zu erweichen). *Weißt du denn, welches Bollwerk uns dort entgegensteht?* ... *Dort ist eine so gewaltige Götzenzauberei, dass man nirgends von ihresgleichen vernommen hat; und der König ist ebenso mächtig wie bösartig.* ... *Er vertraut auf eine große Kuh, Sibilja genannt, die ist so verzaubert, dass, sobald sie ihr Gebrüll ausstößt, keiner von seinen Feinden standhalten kann; und man hat nicht allein mit Männern zu kämpfen, sondern muss sich mehr gegen den Götzenzauber wehren, als gegen den König. Ich mag also keineswegs mich selbst noch mein Volk daran wagen.*"

Surprise, surprise! Da ist Ivar eben von einem erfolgreichen Feldzug gegen Zauberkühe zurückgekehrt und fühlt sich keineswegs imstande, den Tod seiner Stiefbrüder zu rächen! Etwas ganz und gar Un-Heldisches! Rache war sozusagen heilige Pflicht eines Wikingers, und in den Sagas wird sie zu 99% ausgekostet!

Das schmiert ihm Mama auch unverzüglich aufs Butterbrot: *„Du magst bedenken, dass du nicht der tapferste Mann genannt werden kannst, wenn du nichts wagen willst."*

Jetzt schaltet sich der dreijährige Sigurd Schlangenauge in Mutters Armen ein; er singt nämlich unvermittelt ein Lied, das den Rachezug gegen König Eystein fordert! Sigurd ist – muss man wissen – ein sehr besonderes Kind; trägt er doch das Schlangenzeichen seines Großvaters Sigurd (nach dem er benannt wurde) im Auge! Und da die Mutter nun solchen Beistand erhalten hat, *„da änderten die Brüder etwas ihren Sinn"*. Jeder gab seinen Senf zu der Angelegenheit, als Letzter Ivar (dem man anmerkt, dass er so ganz nicht überzeugt ist von dem Vorhaben, nun aber keinesfalls als „Hasenfuß" gelten möchte):

„Ihr alle brüstet euch
unbändiger Tapferkeit und Kühnheit.
Was ihr alle jetzt braucht,
ist auch noch große Zähigkeit.
Ich werde über Helden erhoben werden,
weil ich keine Knochen habe,
dennoch werde ich Hände für Rache haben,
welche Hand ich auch immer benutze."[23]

Diese Episode veranschaulicht, dass Ivar eher Antiheld als

---

23 Übersetzung der englischen Version von *Ben Waggoner*

typischer Wikingerheld ist. Dabei hat der Sagaleser ihn ja bereits als wagemutigen Charakter kennengelernt. Die Art und Weise, wie er sich in dieser Situation verhält, läßt darauf schließen, dass der Sagaschreiber authentische Überlieferung über Ivars Eigenart vorliegen hatte, während die übrigen Charaktere eher stereotype Wikinger-Kardinaltugenden aufweisen. Wenn man mal die Ausschmückungen beiseite läßt und nüchtern die Tatsachen herausfiltert, ergibt sich:

Ivar reagierte mit seiner besonnenen Wesensart auf die emotional aufgewühlten Forderungen seiner Mutter nach Rache mit Zurückhaltung. Was er versuchte, zu verklaren: König Eystein war als Gegner für sie eine Nummer zu groß (zumal Papa Ragnar abwesend war). Mit Erik und Agnar waren ja schon viele ihrer Gefolgsleute gefallen, und Ivar wollte vermeiden, dass sich ein solches Debakel wiederholte. Einfach nur vernünftig gedacht.

Und es deckt sich mit seinem Verhalten, das *Saxo Grammaticus* anläßlich der Fehde zwischen Vater Ragnar und Sohn Ubbe beschreibt: Hatte sich Ivar dazumal nicht von den Konfliktparteien zum Mitmachen aufhetzen lassen, so ließ er sich jetzt nicht von seiner Mutter aufwiegeln, obwohl die alle Regeln der Kunst anwandte. Am Ende aber wurde er überstimmt und machte nun klar, dass gute Vorbereitung eines solchen Unterfangens alles war:

„Es ist darum das Beste, dass wir allen möglichen Fleiß

51

anwenden, unsere Schiffe auszurüsten und Mannschaft zusammenzubringen; denn wir dürfen nichts hier sparen, wenn wir nicht besiegt werden wollen."

Nachdem genügend Schiffe requiriert waren, „sagte Ivar, dass er zugleich eine Reiterschar auf dem Landwege hinsandte." Aslaug verkündete, mitziehen zu wollen: „So sehe ich dann, wie sehr jeder es sich angelegen sein läßt, die Brüder zu rächen." „Gewiss ist," sagte Ivar, „dass du nicht auf unsere Schiffe kommst; aber das kann geschehen, wenn du es willst, dass du unser Heer anführst, welches den Landweg zieht."

Offenbar war Ivar nicht übermäßig begeistert davon, dass Muttern auf Heerfahrt mitkommen wollte, um ihren Söhnen auf die Finger zu schauen. Dass aber zumindest Gattinnen ihre Männer auf Wikingerfahrt begleitet haben, ist historisch belegt. Aslaug ließ sich nicht abwimmeln und legte sich für das Unternehmen sogar einen „Kampfnamen" zu – Randalin: Schildmaid.

Als die Eindringlinge sein Land verheerten, rückte König Eystein mit seiner Trumpfkarte – der Kampfkuh Sibilja – heran. Aber Ivar hatte sich gut vorbereitet:

„Als nun Ivar ihre Sprünge sah und das grimmige Gebrüll hörte, dass sie ausstieß, gebot er, dass das ganze Heer lautes Lärmen mit Waffen und Kriegsgeschrei erheben sollte, damit sie so wenig als möglich das Gebrüll des Ungetüms...hörten. Zugleich befahl Ivar seinen Trägern, dass sie ihn der Kuh entgegentragen sollten, so weit sie vermochten. „Und wenn ihr die Kuh zu uns herankommen seht..., so werft mich auf sie: So wird eins von beiden geschehen: *Entweder ich verliere das Leben, oder sie muss sterben. Ihr sollt aber einen starken Baum nehmen, einen Bogen daraus hauen und ein Geschoss dazu machen."*

Sie brachten ihm den starken Baum mit dem schweren Geschoss, wie er ihn bestellt hatte; aber kein anderer fand diese Waffe handlich für sich. ... Diejenigen, die ihn trugen, sahen, dass er seinen Bogen so leicht spannte, als wenn es ein gewöhnlicher schwacher Bogen wäre, und dabei schien es ihnen, als zöge er die Pfeilspitze bis innerhalb der Krümmung des Bogens zurück. ... und die Pfeile trafen so gut, dass jeder der Kuh Sibilja ins Auge fuhr."

Daraufhin lief Sibilja natürlich erst recht Amok. *„Und als sie zu ihnen heran kam, gebot Ivar seinen Trägern, ihn auf sie zu werfen. Da war er ihnen so leicht, wie ein kleines Kind, und sie waren der Kuh nicht ganz nahe, als sie ihn warfen. Er aber fiel der Kuh auf den Rücken und stürzte so schwer wie ein Berg auf sie nieder, so dass er ihr alle Gebeine im Leibe zermalmte... Nun gebot er seinen Leuten, ihn schleunigst wieder aufzuheben; und als er wieder empor war, da erscholl seine Stimme so laut, dass jedem im Heere vorkam, er stände ihnen ganz nahe, obwohl er weit entfernt war, und alle gehorchten seinem Ruf auf der Stelle, so dass er durch seine Rede allen die Bestürzung nahm* (sein Heer stand nämlich noch im Bann der Zauberkuh).*"*

Der Rest war mit Leichtigkeit erledigt. König Eystein fiel. *„Da sagte Ivar, er wollte nicht länger in diesem Lande Krieg führen, weil dasselbe jetzt ohne Oberhaupt sei. „Wir wollen nun lieber dorthin ziehen, wo mehr Übermacht uns entgegensteht."*

Spätestens jetzt sollte jeder Zweifel ausgeräumt sein, dass

Ivar ein Anführer von besonderem Zuschnitt war. Er hatte seine Meisterprüfung bestanden und gedachte sich nicht auf diesen Lorbeeren auszuruhen, ein Wikinger wie er war.

Ob der historische König Eystein des 9. Jahrhunderts gegen dänische Invasoren unterlag, bleibt im Dunkel der Geschichte. Sein gleichnamiger Vorgänger des 7. Jahrhunderts soll gegen einen Angreifer aus Jütland (!) gekämpft haben. Vielleicht liegt da die korrekte historische Vorlage. Andererseits fand, wie bereits erwähnt, um 840 tatsächlich eine dänische Expedition nach Schweden statt, an der Ivar zeitlich betrachtet durchaus teilgenommen haben könnte. Die *Vitaby*-Unternehmung und der Kampf gegen König Eystein sind zweifellos zwei Seiten einer Medaille. Wenn Ivar und sein Gefolge sich als Nachkommen König Auns von *Uppsala* sahen[24], ist naheliegend, dass sie rund um das zentrale Heiligtum Schwedens Macht beanspruchten und rivalisierende Teilkönige in die Schranken wiesen.

Bemerkenswert ist, was über Ivar als Führungskraft ausgesagt wird. Aus der Eystein-Episode läßt sich herauslesen, dass er offenbar über erhebliche mentale wie auch suggestive Energie verfügte:

„Da erscholl seine Stimme so laut... und alle gehorchten seinem Ruf auf der Stelle, so dass er durch seine Rede allen die Bestürzung nahm."

---

24 Siehe Ende Kapitel „Wer war Ragnar Lodbrok?"

Nur eine schottische Quelle[25] geht näher darauf ein, wie Ivar vor einer Schlacht sein Gefolge anfeuerte: *„Daher schwor er offen in Gegenwart all seiner Leute mit feierlichen Eiden, entweder siegreich ins Lager zurückzukehren oder an Ort und Stelle zu sterben, wobei er sie aufforderte, denselben Schwur zu leisten. Daraufhin ging die gesamte Heeresmenge so sehr auf seinen Ansporn ein, dass es unter ihnen keinen einzigen gab, der sich nicht bereiterklärte, eben diesen Schwur zu leisten."* Ein Echo von Ivars Charisma als Feldherr.

Allerdings erfährt man auch manch Aufschlussreiches über Ivars Verhältnis zu seiner Mutter. Offenbar suchte Kraka/Aslaug einen dominierenden Einfluss auf ihre Söhne auszuüben und sich in deren Angelegenheiten energisch einzumischen. Ivar speziell scheint ihrer Umtriebigkeit reserviert gegenübergestanden zu haben – man beachte die definitive Absage, die er ihrer Absicht erteilt, auf seinem Schiff mitzufahren, wenn er sie schon nicht ganz davon abhalten konnte, auf Heeresfahrt mitzukommen.

Da aller guten Dinge bekanntlich Drei sind, nun zu einer weiteren Variante des „Kuh-Konflikts", präsentiert von einer Färöer Volkssage: *„Als seine Brüder aufbruchbereit waren* (hier: zum Feldzug nach England), *sagte Ivar der Knochenlose zu ihnen, er wolle mitkommen; sie meinten, er könne nichts tun; er aber beharrte darauf, mit ihnen zu kommen."*

Ein interessanter Unterschied zu „Ragnars Saga", wo Ivar

---

25 *Buchanan*, Scottish Chronicle, 1805 (auf alten Überlieferungen fußend)

stets die Initiative zu Unternehmungen gibt und seine Brüder ihn auch immer dabei haben wollen. Hier soll er (wegen seiner Knochenlosigkeit als unnütz angesehen) daheim zurückbleiben, was er nicht hinnimmt.

„Zwei Dinge geschahen ihnen, an die ich mich nicht erinnere, außer dass sie mit der See und schlechtem Wetter zusammenhingen und alle auf Hexenwerk zurückgingen, so dass sie kaum damit rechneten, zu überleben. Dann aber sprach Ivar, sie würden noch nicht sterben; sie würden sich mit noch Schlimmerem auseinanderzusetzen haben. Er bat sie, sorgfältig achtzugeben, wenn Land in Sicht kam. ... Nun sagten sie, sie könnten Land sehen, doch irgendetwas kam vom Land her. ... Über die See kam es, so dass weder Himmel noch Erde sichtbar waren. Ja, sprach Ivar der Knochenlose, jetzt dürften sie sich fürchten; das wäre die Opferkuh, die da nahte. In ihrem Innern wären seine Knochen.“

Eine Sibilja im XXL-Format, so ein gigantisches Scheusal wie sie war, und obendrein noch das Depot von Ivars Knochen! Da Ivar seine Knochen natürlich endlich wiederhaben möchte, wendet er dieselbe Strategie an wie in „Ragnars Saga" und läßt sich von seinen Brüdern auf das Monster schmeißen:

„Sie rangen beide auf See; dann lastete er so schwer auf ihr, dass ihr Kopf vom Hals gerissen wurde. So bekam er all seine Knochen zurück.“

So geht das. Wie man sieht, machten sich die Wikinger-Nachkommen überall ihre eigenen Gedanken zu Ivar und seinem „Knochen-Dilemma". Hier ist erstmal wichtig: Die Färöer Version ist mit Ivars Zug nach England verknüpft. Es ist nahe der englischen Küste, wo das Kuhungeheuer sich der Wikingerflotte manifestiert...

In einer Doku-Sendung über Yorkshires Nordseeküste wurde gezeigt, wie häufig dort undurchdringliche Küstennebel auftreten können. Sollte die Vorlage der Färöer Riesenkuh ein solcher Küstennebel gewesen sein? Erfahrenen Seeleuten war das gefährliche Phänomen vertraut, und es mag sein, dass Ivars Flotte mal in so einen Nebel geriet. Dergleichen wurde natürlich (vor allem nahe feindlichen Küsten) als Abwehrmagie gedeutet – gegen die Ivar eventuell eine wirksame Gegenmagie (in Form einer spektakulären kultischen Handlung?) anwandte. So was blieb im Gedächtnis und wurde sagenhaft ausgesponnen. Eine noch zu besprechende Quelle[26] könnte darauf anspielen, wo es von Ivar heißt: *„Dem die Elemente gehorchen."*

Sind es normalerweise Drachen, gegen die nordische Helden ihre „Reifeprüfung" bestehen müssen, so wird Ivar die „Monsterkuh" zugeteilt. Nun scheinen Kühe nicht gerade die typischen Vertreter aggressiver, gefährlicher Tiere darzustellen (obwohl man sie nicht unterschätzen sollte). Im Mittelalter hatten Kühe wie Rinder überhaupt in manchen Kulturen offenbar einen besonderen Stellenwert. Die Vorfahren der Schotten etwa verehrten sog. „Heilige Kuhherden" (weiße Rinder), denen sie magische Bedeutung

---

26 Siehe Kapitel „Ostangeln"; *Abbo von Fleury*

zuschrieben. Somit kann das Kuh-Symbol mehr auf nordbritische Einflüsse als auf den schwedischen Kuhkult hinweisen. Bei ihren Unternehmungen in Nordbritannien wurden die Wikinger eventuell mit der Abwehrmagie durch „Heilige Rinder" konfrontiert. Wenngleich christlich hing auch die einheimische Bevölkerung noch manch altheidnischen Vorstellungen an. Zu erwähnen wäre hier ferner das Phänomen des sog. „Wasserbullen", vor dem man sich z. B. auf den *Hebriden* grauste, und der angeblich seine Gestalt verwandeln konnte (auch das ein „Gewässer-Nebel"?). Hier hätten sich also gälische sowie skandinavische abergläubische Vorstellungen vermischt – in einem Gebiet, wo Ivars Nachfahren künftig dominierten[27].

Man denke überdies an die Tötung des Urstiers durch Lichtgott Mithras, dessen Kult in der Spätantike so verbreitet war, vor allem unter den in den römischen Provinzen stationierten römischen Legionären. Diese rituelle Tötung[28], von der zahlreiche archäologische Zeugnisse in Form von Reliefs Zeugnis ablegen, zeigt Gott Mithras auf dem Rücken des Stiers – ein ähnliches Bild, wie es Island-und Färöer Saga zeichnen von dem auf die Kuh geworfenen Ivar.

---

27 Kapitel „Ivars Erben"
28 Als Opfer zur Erneuerung der Welt und für Fruchtbarkeit!

Das Wikinger-Syndikat

Wo lebten Ivar und seine Brüder eigentlich, wenn sie nicht gerade auf ihren Drachenschiffen unterwegs waren?

Dazu gibt uns die „Saga von Ragnars Söhnen" kurz Auskunft: „*Sie eroberten Seeland, Jütland, Gotland und Öland sowie all die kleineren Inseln in der See. Dann ließ sich Ivar mit seinen jüngeren Brüdern in* **Leijre** *nieder – was aber dem Willen seines Vaters zuwider lief... Der war nicht allzu erfreut darüber, dass seine Söhne... seine tributpflichtigen Lande gegen seinen Willen in Beschlag genommen hatten.*"

Also doch Unstimmigkeiten zwischen der herangewachsenen Brut und dem Clanchef? War es bei *Saxo* nur Ubbe, der gegen Papa revoltiert hatte, so sind es hier Krakas (Aslaugs) vier Sprößlinge, die ihr eigenes Ding machen. War laut *Saxo* Ivar „*Statthalter von Jütland*", so hat er sich hier auf *Seeland* festgesetzt. Das muss allerdings kein Widerspruch sein.

Leijre auf Seeland war für Wikingerunternehmungen, namentlich Richtung Schweden und Ostseeinseln, ein recht günstiger Standort. Laut alten Legenden war dieses *Leijre* bereits Residenz der sagenhaften Scyldinge (der Urahnen dänischer Könige). Möglicherweise verlegte die „Saga der Ragnarssöhne" daher das Quartier von Ivar und seinen Brüdern an einen derart altehrwürdigen Platz. Außerdem befand sich in *Leijre* ein religiöses Zentrum für

Opferkulte - was nicht nur *Thietmar von Merseburg* bezeugt, sondern auch archäologisch bestätigt wird, durch zahlreiche Funde u.a. aus der Wikingerzeit, wie etwa drei große Hallengebäude (mit einer Länge von 50m!). Lange vor der Gründung von Kopenhagen im 12. Jahrhundert war demnach *Leijre* ein bedeutendes Zentrum.[29]

Wie die „Saga der Ragnarssöhne" informiert, hatte zuvor bereits Ragnar diese Gebiete unter seine Kontrolle gebracht, und das scheint nicht undenkbar. Schon Dänenkönig Godfrid, mutmaßlicher Verwandter der „Lodbroks", soll über die dänischen Inseln geherrscht haben. Man versteht jedoch nicht ganz, weshalb Ragnar etwas dagegen hatte, dass seine Söhne dort residierten, während er anderswo unterwegs war. Allerdings verschweigen die Sagas (im Gegensatz zu *Saxo*) auch anderweitig nicht gewisse Rivalitäten zwischen Ragnar und seiner umtriebigen Brut.

Ob nun Statthalter von *Jütland* oder Clanchef auf *Seeland* - die Angaben zeigen, wo der Aktionsschwerpunkt der Aslaug-Söhne lag, bevor sie in die weite Welt hinaus schwirrten. Dieser dänische Bereich als „Wikingerbasis" hatte wohl lange Tradition: Der sogenannte „Runenstein von Rök", ein beeindruckendes, im 9. Jahrhundert verfertigtes und in Schweden aufgestelltes Gedenkmonument, gibt nämlich darüber Auskunft: „*Dort*

---

29 Informativ hierzu „The temple at Leijre", Beitrag auf www.germanicmythology.com

ist die Rede von einem straff organisierten **Seekrieger-Verband,** *der u.a. in* **Seeland überwinternd,** *Nord- und Westgermanen umfasste, ... aber auch Friesen (!).*

Aus dem Dänischen in Schweden einfallende wikingische Seekrieger, so erzählt die in Stein gemeißelte Runengeschichte, hätten den Sohn des Verfassers getötet, so dass er seinen zweiten Sohn zur Rache verpflichtete. *„Die 20 Seekönige, die nach der Mitteilung des Röksteins vier Winter lang in Seeland saßen, ... haben offenbar eine politische Einheit gebildet. ... Denn es konnte wahrscheinlich gemacht werden, dass vor und nach der Zeit um 800 eine in sich wohl organisierte Gemeinschaft von Seekriegern, aus Skandinaviern und Westgermanen bestehend und zu gemeinsamem Angriff geeint, ein klug angeordnetes System maritimer Stützpunkte angelegt hatte, mit dem es vom Limfjord aus die Zufahrt in die Nord- und Ostsee und nach Norwegen gesichert, außerdem aber auch an der jütischen Ostküste ... beherrschend Fuß gefasst hatte.“*[30]

Wie wir sehen, deckt sich das hervorragend mit dem, was *Sagas* und *Saxo* über die frühen Aktivitäten des Lodbrok-Syndikats im Skagerrak und Kattegat berichten. Von den erwähnten dort operierenden 20 Seekönigen, zweifellos Wikingern, könnten einer oder mehrere in die Ragnar-Überlieferung eingeflossen sein[31]. Eine derart starke und verschworene Kriegergemeinschaft hatte natürlich das Zeug,

---

30 *O. Höfler,* a.a.O.
31 Erwähnt werden u.a. ein Björn und Oisl – zu Letzterem siehe Kapitel: „Olaf der Weiße“

Europa mächtig einzuheizen.

Und es waren darunter eben nicht nur Dänen, sondern außer Norwegern auch südlichere Stämme. Da werden Westgermanen und Friesen genannt. Letztere nehmen nachweislich an Ivars großer Englandexpedition teil. Möglicherweise umfasste das Syndikat auch Sachsen. Ohne Zweifel rannten – den Zwangstaufen entgehend – sächsische Flüchtlinge den Dänen die Tore ein, geführt von Adeligen, die sich sicher wikingischen Seekönigen bereitwillig anschlossen. Fränkische Quellen erwähnen z. B. für das Jahr 836 eine sächsisch-wikingische Aktion. Bereits zur Merowingerzeit betrieben Dänen und Sachsen nachweislich gute „Teamarbeit". Logisch, bei der wachsenden Bedrohung durch die Franken. Nicht nur Rebell Widukind verschwägerte sich mit dem dänischen Hochadel...

Laut „Ragnars Saga" hätten die „Lodbrok-Söhne" auch auf der kleinen Insel *Samsö* Kämpfe ausgetragen. Dort sollen sie ein hölzernes Götterstandbild errichtet haben, als Dank für sowie Erinnerung an ihren Triumph. Sehr viel später noch wusste man davon zu erzählen. Ausgeschlossen ist das nicht; allerdings kann so eine Bildsäule auch auf einen im frühen 8. Jahrhundert bedeutsamen Dänenfürsten namens Anwend (Oinund) zurückgehen, der auf *Samsö* herrschte, und der auch den sogenannten *Kanhave*-Kanal durch die schmalste Stelle der Insel baute – eine großartige Ingenieurleistung der Wikingerzeit, deren Spuren man noch heute besichtigen kann. Da das Götterbild von

Kaufleuten in einer nahe diesem Kanal gelegenen Bucht entdeckt wurde, könnte es zum „Schutz" von Kanal und Hafen dort errichtet worden sein. König Anwend war nachweislich ein überzeugter Heide, da ein fränkischer Missionierungsversuch scheiterte. Obwohl er den Missionaren kein Haar krümmte, im Gegenteil noch christliche Gefangene freiließ, verleumdeten sie ihn als *„wilder als irgendein Raubtier"*. Dies hat wohl dazu beigetragen, dass Anwend in den Sagas als verfluchter König Angantyr weiterlebte. Sein Kanal aber nutzte zweifellos folgenden Wikingergenerationen, so möglicherweise auch den „Lodbrok-Söhnen", die bei der Gelegenheit dem Götterstandbild ihre Reverenz erwiesen.

Ein König Anwend nahm übrigens an der Invasion Englands teil. Möglicherweise war es ein Nachfahre des Samsöer Kanalbauers - wie der exilierte schwedische König dieses Namens, der sich um 840 mit den Dänen zusammengetan hatte? All diese Episoden zeigen, dass die „Lodbrok-Söhne" rund um die dänischen Inseln eifrig Connexions knüpften, um ein großes Netzwerk aufzubauen.

Vifilsborg

Für die nächste Episode kehren wir wieder zu „Ragnars Saga" zurück:

„Nun beredeten sie untereinander, einen Zug ins Südreich zu tun. ... Auf diesem Zuge belagerten sie alle starken Burgen mit solcher Gewalt, dass ihnen keine zu widerstehen vermochte.

Da vernahmen sie von einer großen und wohlbemannten Burg und beschlossen, dorthin zu ziehen. ... Die Brüder schlugen ihr Lager auf dem Gefilde rings um die Burg auf, verhielten sich jedoch den Tag ihrer Ankunft noch ruhig und unterhandelten mit den Burgmännern. Sie boten ihnen die Wahl, ob sie die Burg übergeben und allesamt Frieden haben oder ihre Übermacht und Tapferkeit versuchen wollten, worauf aber niemand Frieden erwarten dürfte.

Jene waren kurz angebunden und erwiderten, die Belagerer könnten die Burg nimmer einnehmen, sie würden sie also nicht übergeben... Am folgenden Tag versuchten die Brüder, die Burg zu erstürmen, aber es gelang ihnen nicht. Sie belagerten nun einen halben Monat diese Feste und versuchten jeden Tag mit mancherlei Kriegslisten sie einzunehmen; aber es ging je länger je übler, und sie dachten schon daran, wieder abzuziehen. Da kamen die Burgmänner heraus und behängten rings umher die Mauern mit goldgewebten Teppichen und den schönsten Gewändern und trugen ihnen Gold und Kostbarkeiten zur Schau... „Wir dachten, dies wären Ragnars Söhne und ihr Volk tapfere Männer, aber wir können wohl sagen, dass sie nicht mehr ausgerichtet haben als andere Männer."

Was für eine Provokation – und wie unseren Wikingern da angesichts solch verlockender Reichtümer das Wasser im Munde zusammengelaufen sein muss! So was konnte man einfach nicht auf sich sitzen lassen!

„Als Ivar dieses hörte, erboste es ihn sehr, und er wurde so krank davon, dass er sich kaum rühren konnte, und sie abwarten mussten, bis es entweder mit ihm besser wurde oder er starb. Er lag den ganzen Tag bis zum Abend, ohne ein Wort zu sprechen."

Auch wieder etwas eher Un-Heldisches. Der kühne Eroberer liegt krank darnieder, so dass erst mal gar nichts weiter geht. In der Realität kam es hingegen häufig vor, dass Belagerer ebenso wie Belagerte von Krankheiten heimgesucht wurden. So berichten die fränkischen Chroniken (nicht ohne Genugtuung), wie ihre wikingischen Gegner heftig von der Ruhr befallen wurden, was sie zum Abzug nötigte. Wiederum erkennt man somit ein recht authentisches Element in dieser Sagenepisode.

„Danach befahl er den Leuten, die um ihn waren, seinen Brüdern Hvitserk, Björn und Sigurd zu sagen, sie sollten samt all den erfahrensten Männern zu ihm kommen.

Als nun all die vornehmsten Häuptlinge ihres Heeres versammelt waren, befragte sie Ivar, ob sie irgendein Mittel wüßten, wahrscheinlicher zum Siege zu gelangen als auf dem bisherigen Wege."

Man antwortete ihm mit Ratlosigkeit, *„aber auch jetzt, wie oftmals, wird uns dein Rat zu Hilfe kommen."*

Und Ivar hatte einen Plan...

„Mir ist ein Mittel in den Sinn gekommen, welches wir bisher noch nicht versucht haben: Unweit von hier steht ein großer Wald. Jetzt ist es Nacht, und so wollen wir heimlich aus unserem Lager nach dem Walde ziehen; unsere Zelte aber müssen stehen bleiben. Und wenn wir in den Wald kommen, soll jeder von uns sich ein Holzbündel machen. Dies Holz wollen wir dann ringsumher an die Burg legen und sie anzünden: Das wird ein gewaltiger Brand werden, und der Mörtel der Burgmauer wird von diesem Feuer sich lösen. Alsdann wollen wir die Mauerbrecher heranbringen und versuchen, wie fest sie noch sind."

Dies wurde sogleich ausgeführt. Sie zogen nach dem Walde und blieben da, so lange es Ivar für gut fand. Dann gingen sie wieder... zu der Burg, und als sie das ringsumher aufgehäufte Holz anzündeten, entstand ein so gewaltiger Brand, dass die Mannen ihn nicht aushalten konnten und ihr Mörtel sich löste. Nun brachten die Belagerer die Sturmböcke an die Burg und brachen an mehreren Stellen ein..."

Vifilsburgs Schicksal war besiegelt, und die Beute natürlich prächtig! Wo lag diese unglückselige Festung nun genau? Das schweizerische *Avenches* trug mal diesen Namen und hatte das Pech, von Barbaren erstürmt zu werden – nur waren das wilde Alemannen! Da der Sagaschreiber von einem Wikingerzug <u>gen Süden</u> spricht, dürfte diese Zuordnung so stimmen, auch wenn *Avenches* nie von

Wikingern heimgesucht wurde – dazu war es viel zu weit von jeglichen Küsten entfernt. Allerdings kamen im Mittelalter haufenweise Pilger dort vorbei, die allerlei Stories aufschnappten. Das Ergebnis: Alemannen wurden durch Wikinger ausgetauscht, natürlich durch die schlimmsten aller: Die Lodbrok-Söhne!

Wann oder wo sich das Ganze tatsächlich abgespielt hat, ist erstmal zweitrangig. Betrachten wir hingegen, wie Ivar in dieser Episode charakterisiert wird: Wieder einmal als überaus cleverer Feldherr. Sein Generalstab, der immerhin aus den *„erfahrensten Häuptlingen"* besteht, verläßt sich auf einen genialen Einfall des gewieften Oberkommandierenden. Dessen langes Krankenlager verhilft ihm tatsächlich zu einem Geistesblitz.

Darüber hinaus erweist sich Ivar als umsichtig und vorausschauend. Solche Eigenschaften werden ihm sogar von Quellen bescheinigt, die ihm nicht gewogen sind – so beschreibt *Abbo von Fleury*, dass er bei der Invasion von Ostangeln *„es nicht riskierte, seine Flotte ohne starke Bewachung zurückzulassen..."* und *„mit äußerster Vorsicht"* agierte.[32] Dieselbe Vorsicht hatte man bereits bei dem Unternehmen gegen König Eystein wahrgenommen, und sie war gewiss wichtige Voraussetzung für Ivars strategische Erfolge.

Gibt es eine historische Vorlage für Vifilsborg? In der Tat sollte Ivar künftig an der spektakulären Belagerung einer

---

32 Kapitel „Das Martyrium König Edmunds"

trutzigen Festung teilnehmen, die allerdings nicht in der
Schweiz lag, sondern auf einem schroffen Felsen am
schottischen *Firth of Clyde* – dazu später mehr.[33]

---

33 Kapitel „Rückkehr nach Dublin"

Ragnald von Orkney

Ob nun die Fahrt nach *Vitaby*, gegen König Eystein von *Uppsala* oder *Vifilsborg* - all diese Unternehmungen Ivars und seiner Brüder sind hauptsächlich aus Sagenstoff gewoben. Es wird nun Zeit, historischen Boden zu betreten.

Saxo Grammaticus erzählt von der unerwarteten Ankunft Ivars bei seinem Vater, nachdem Ivar *„aus dem Königreich vertrieben worden war. Die **Galli** hatten ihn nämlich vertrieben und die Königswürde unrechtmäßig auf einen gewissen **Hella** übertragen. Ragnar nahm Ivar als Führer, da er mit dem Land nicht vertraut war, zog eine Flotte zusammen und näherte sich dem Hafen **Yorvik**. Hier ließ er seine Truppe an Land gehen, und nach einer dreitägigen Schlacht schlug er Hella, der auf die Macht der Gallier vertraut hatte, in die Flucht. Die Angelegenheit kostete die Engländer viele Verluste, die Dänen hingegen wenig. Hier vollendete Ragnar ein Jahr lang seine Eroberungen, ... belagerte **Dublin**, das mit dem Reichtum der Barbaren gefüllt war, griff es an und erreichte seine Übergabe. Hier lagerte er ein Jahr.*

*... Währenddessen wandte sich Hella an die **Iren**, tötete oder bestrafte alle, die eine enge und loyale Verbindung zu Ragnar hatten. Darauf griff Ragnar ihn mit einer Flotte an, (wobei er unterlag)."*

Ein recht verworrener Bericht, doch könnten Ivar und sein Vater hier erstmalig ins Rampenlicht historisch gesicherter

Ereignisse treten. Der Schauplatz hat sich eindeutig nach Westen verlagert: Nach England und Irland. Nur passen da die von *Saxo* genannten „Galli" nicht rein (denkt man doch an Gallier bzw. Bewohner des Frankenreichs). Das Rätsel löst sich allerdings schnell, denn: *Gall* bzw. *Gaill* nannten die Iren zunächst mal alle Fremden und später speziell ihre wikingischen Besatzer.

Auch der Schauplatz *Yorvik* und König Hella sind rasch geklärt: Hier liegt ganz klar eine Übertragung späterer Ereignisse vor, da Ivar König Aella von *Northumbrien* beim Kampf um *York* 867 besiegte[34]. Sein Vater kann dennoch an der northumbrischen Nordseeküste geräubert haben – was übrigens das *Krákumál* (Ragnars Sterbelied) aussagt.

Laut *Krákumál* folgt Ragnars „Besuch" von *Northumbrien* ein Kampf auf den *Hebriden*, danach Kämpfe in Irland (die gleich vier Strophen einnehmen). Sein historisches Vorbild segelte demnach von der englischen Nordostküste über *Orkneys* und *Hebriden* in die irische See. Dass das *Krákumál* (wahrscheinlich) auf den *Orkneys* verfasst wurde, macht die geografischen Details von Ragnars Westzug noch glaubwürdiger.

Kommen wir nun zu der bereits vorgestellten[35] wichtigen Quelle: Nämlich den „Fragmentarischen Annalen von Irland" (aus dem 11. Jh.), die von einem Wikingerkönig Ragnald sprechen, der mit seinen Söhnen, aus

---

34 Siehe Kapitel: „Die Invasion Englands, Erster Akt: York"
35 Kapitel „Wer war Ragnar Lodbrok?"

Skandinavien vertrieben, die *Orkneys* besetzt - was die hochmittelalterliche „Historia Norvegiae" bestätigt, die Ragnald von dort aus Raubzüge auf die *Hebriden*, nach Schottland und Irland unternehmen läßt. Aus dieser Überlieferung könnte *Saxo* geschöpft haben, wobei er Sagenhaftes mit Fakten vermengte.

Wann ungefähr spielte sich dies ab? Hier kommen zeitgenössische fränkische Annalen zu Hilfe: *„Die Normannen bemächtigten sich ohne Widerstand aller Inseln im Umkreis und setzten sich darauf fest."* (Annalen von *St. Bertin* für das Jahr 847).

Freilich wurden diese Gefilde (*Orkneys*, *Hebriden*, schottische Küsten sowie Irland) nicht erst in den 40er Jahren des 9. Jahrhunderts von Wikingern heimgesucht. Bei den in den fränkischen Annalen genannten Ereignissen handelte es sich jedoch offenbar um Wikinger-Unternehmungen von besonderer Tragweite: Der Übergang von sporadischen Raubzügen zu dauerhafter Präsenz.

Das von *Saxo* als Zankapfel erwähnte *Dublin* war von norwegischen Wikingern um 841 als Ausgangspunkt für Raubzüge gegründet worden. Genau wie England war die grüne Insel bereits ab Ende des 8. Jahrhunderts Zielscheibe wikingischer Raubüberfälle gewesen, zum Leidwesen der irischen Bevölkerung sowie altehrwürdiger Klöster. Das frühmittelalterliche Irland war in eine Vielzahl von Kleinkönigreichen gegliedert, die einem sogenannten

Hochkönig unterstanden. Und diese Clans lagen, wie die Chronikaufzeichnungen lehren, in fast ununterbrochenem Konkurrenzkampf um die Vormacht sowie blutigen Fehden und sonstigen Querelen. Das war natürlich für die Wikinger der geeignete Nährboden, solch unablässig instabile politische Lage zu ihren Gunsten auszunutzen – nach der gleichen Strategie sollten sie in England verfahren. Und da sie sich durch ihre permanenten Raubzüge bereits beste Ortskenntnis verschafft hatten, gedachten sie sich längs der Küsten festzusetzen.

Die „Gründung" *Dublins* als befestigter Hafen markiert den Beginn dauerhafter wikingischer Präsenz, und es folgte der Ausbau weiterer Befestigungen an strategisch günstigen Stellen vor allem der irischen Ostküste. Diese Landnahme wurde von norwegischen Seekönigen gesteuert. Da wäre jener Thorgils zu nennen, der sich in Irland eine bedeutende Machtstellung aufbaute, zwischen ca. 830 und 845. Mit der Zeit freilich erwuchs in den Iren erbitterter Widerstand; nach Thorgils Hinrichtung (um 845) erlitten die norwegischen Besatzer heftige Rückschläge. Ihre Schwächung sollte gnadenlos ausgenutzt werden.

Um 850 erschienen nämlich neue Akteure auf der historischen Bühne. Die irischen „Annals of Ulster" vermelden für das Jahr 849 die Ankunft einer Flotte von 140 Schiffen mit Fremden, „*die Macht ausüben wollten über die Fremden, die dort vor ihnen waren, so dass sie ganz Irland fortan in Unruhe versetzten.*" Wer diese neue Gruppe war, wird 851 deutlicher: „*Die Ankunft der Dunklen Fremden in*

Dublin, die ein großes Gemetzel unter den Hellen Fremden anrichteten; sie plünderten auch die Festung... Ein Plünderzug der Neuankömmlinge nach Anagassan[36] und ein großes Gemetzel unter den Alteingesessenen."

Erkennt man hier nicht das wieder, was *Saxo* sowie *Krákumál* ausführen? Auch im Jahr 852 schlugen sich „die Dänen" mit dem Gegner: *„Eine Flotte von 160 Schiffen der Hellen Fremden rückte heran, um gegen die Dunklen bei* **Carlingford Lough** *zu kämpfen. Dort tobte ein drei Tage und drei Nächte dauernder Kampf, aber die Dunklen waren siegreich, so dass die anderen ihre Schiffe verließen."* („Annals of Ulster")

Die „Fragmentarischen Annalen von Irland", die allerlei sagenhafte Ausschmückung enthalten, ergänzen die nüchterne Knappheit der Ulster-Annalen wie folgt:

„(Die Norweger) sahen **eine große Schiffsflotte** *nahen... Andere sagten, es wären Dänen, die gekommen wären, sie auszurauben und zu plündern – und das war tatsächlich so. Die Norweger schickten ein sehr schnelles Schiff ihnen entgegen, um in Erfahrung zu bringen, wer sie waren... und die beiden Schiffe trafen einander, und der Steuermann des norwegischen Schiffes fragte: 'He, Männer, aus welchem Land seid ihr in diese See gekommen? Bringt ihr Frieden oder Krieg?' Die Antwort, die die Dänen ihm gaben, war ein großer Pfeilschauer auf ihn nieder.... Das dänische Schiff überwältigte das norwegische. Die Dänen zogen dann zu dem Platz, wo die Norweger waren und erreichten das Ufer. Sie fochten eine grimmige Schlacht, und die Dänen*

---

36 Ebenfalls ein norwegischer Wikingerhafen

töteten dreimal so viele, wie von ihnen fielen und enthaupteten jeden, den sie umbrachten. Die Dänen schleppten die Schiffe der Norweger mit sich zu einem Hafen, und sie nahmen auch die Frauen, das Gold und all den Besitz der Norweger mit sich. Und so nahm der Herr (Gott) den Norwegern all den Reichtum ab, den sie zuvor aus den (irischen) Kirchen entwendet hatten..."

Letzterer Kommentar verrät eine gewisse Genugtuung: Den Norwegern war recht geschehen, da sie ja vorher die irischen Klöster und Kirchen hinreichend ausgeplündert hatten. Offenbar hatte die dänische Flotte ihre Gegner völlig überrascht. Obwohl Letztere aufrüsteten, unterlagen sie dennoch bei *Carlingford Lough*: *„Nie zuvor hörte man von einem derartigen Gemetzel auf See, wie es zwischen ihnen stattfand."* Der lange Bericht in obigen Annalen veranschaulicht, wie sehr sich diese spektakuläre Auseinandersetzung ins Gedächtnis der Nachwelt eingegraben hat. Solch eine dreitägige Schlacht erwähnt auch *Saxo*. Hat hier also Ragnars historisches Vorbild einen Fußabdruck hinterlassen?

Als Oberbefehlshaber der Dänen spielt in den Annalen ein gewisser Horm eine wichtige Rolle – ein solcher Horm (skandinavisch: *Orm*) kam wenige Jahre später auf walisischem Gebiet um, was sogar das *Krákumál* bestätigt (wo er König genannt wird). Es scheint demnach ein bedeutender Befehlshaber der dänischen Flotte gewesen zu sein. Möglicherweise ist er das Urbild des späteren Balladen-Helden „König Horn", dessen romantische Geschichte ja auch in der Irischen See spielt und ein wikingisches Umfeld widerspiegelt.

Was (auch die Chronisten) verwundert, ist die rücksichtslose Brutalität, mit der die Sieger gegen immerhin ihre „Wikingerkollegen" hier vorgingen. Wie berichtet wird, hätten sie sich in der Schlacht dem Heiligen Patrick, Schutzpatron der Iren, anvertraut (weshalb sie bei vielen Iren danach auch gut ankamen). Demnach dürften die Neuankömmlinge schon zuvor Fühlung aufgenommen haben mit den Iren – zwecks Allianz gegen die alteingesessenen Norweger. Daher wohl auch das relativ sympathische Bild, das die Annalen von den Dänen sowie ihrem Anführer Horm zeichnen.

„Zu dieser Zeit schickte der Hochkönig... Gesandte zu den Dänen. Bei ihrer Ankunft kochten die Dänen gerade, und die Unterlagen ihrer Kessel waren aufgehäufte Körper der (gefallenen) Norweger, und ein Ende der Bratspieße, an denen das Fleisch sich befand, steckte noch in den Körpern der Leichen, und das Feuer verbrannte die Körper... Die Gesandten machten den Dänen Vorhaltungen wegen dieses barbarischen Benehmens. Die Dänen antworteten: „So würden's (die Norweger) auch mit uns machen."

(Die Dänen) hatten eine breite Furche, gefüllt mit Gold und Silber, geweiht dem Heiligen Patrick; sie waren nämlich ein Volk mit einer gewissen Frömmigkeit (!), das heißt, sie gaben Fleisch und Frauen eine Weile auf für Frömmigkeit. Nun verlieh diese Schlacht den Dänen große Zuversicht wegen der verheerenden Verluste der Norweger."

Raffinierte Berechnung der „Dänen", sich beim Heiligen

75

Patrick sowie dadurch bei den Iren anzubiedern! Vor allem verrät diese Strategie: Sie waren nicht nur zu einem kurzen Abstecher gekommen, sondern mit handfesten Absichten - sich dauerhaft dort zu etablieren, als Nachfolger der Norweger, die sie mit ihren Militärschlägen entscheidend geschwächt hatten. Der Zeitpunkt ihres Aufkreuzens war daher nicht zufällig gewählt: Die Schwächung der Norweger durch den irischen Widerstand war von den Neuankömmlingen ausgenutzt worden.

Steckte nun der Verband von Seekönig Ragnald hinter diesem Coup? Wie man sah, kennt die irische Tradition einen von den *Orkneys* aus operierenden Wikinger Ragnald – allerdings fällt sein Name nicht in den Ereignissen zwischen 849 und 852. Möglicherweise war der historisch gut belegte Anführer Horm/Orm ein mit Ragnald alliierter Seekönig, der den Seekampf von *Carlingford Lough* leitete (während Ragnald woanders operierte). Das *Krákumál* spricht ja von verschiedenen Kriegsfronten an der irischen Küste. Die „Fragmentarischen Annalen" deuten an, dass Ragnald irgendwo in der westlichen See (mitsamt einem seiner Söhne) im Kampf fiel.

Die irischen Annalen sagen ganz klar aus, dass eine neue skandinavische Gruppe Macht über die alte erringen wollte. Während die „Fragmentarischen Annalen" von „Dänen" contra „Norweger" sprechen, verwenden die Ulster-Annalen eine rätselhafte Terminologie: „Dunkle Fremde" (=Neuankömmlinge) versus „helle Fremde" (= Norweger). Beide waren aber skandinavische Völker, so dass diese

Unterscheidung kaum auf Haar- oder Hautfarbe Bezug nimmt. Ähnlich sprach man Jahrhunderte zuvor von „weißen" und „schwarzen Hunnen"! Möglicherweise bezieht sich das „hell" und „dunkel" auf dominante Farben des jeweiligen Verbandes – so, wie auch bei uns Parteien ihre Farben haben. Der andalusische Gesandte *el-Ghazal* beschrieb die Schiffe eines Seekönigs (eventuell des in Irland regierenden Norwegers Thorgils) als dunkelrot gestrichen. Somit könnte die Unterscheidung auf die Farbe von Schiffen, Standarten oder Schilden der jeweiligen Gruppe hinweisen. Tatsächlich erwähnt eine irische Quelle des 12. Jahrhunderts[37] *„die Dänen mit den schwarzen Schiffen"*! Hinsichtlich der Farbe von Schilden gibt es das interessante Detail, dass die Gefolgsleute des letzten skandinavischen Königs von Dublin im 12. Jh. z. B. mit roten Schilden kämpften.[38]

Wie auch immer – es ging in diesen Zusammenstößen keinesfalls um einen „nationalen" Konflikt (Dänen gegen Norweger). Mochten die neu angekommenen „dunklen Fremden" auch überwiegend dänisch geprägt sein, so bestanden sie sicher nicht nur aus Dänen. Wikingerverbände setzten sich meist gemischt zusammen, aufgrund ihrer weitreichenden Connexions. Nationale Abgrenzungen waren im 9. Jahrhundert noch ein Anachronismus. Selbst die Sagas schreiben ihrem Helden Ragnar Verbindungen nach Schweden sowie Norwegen zu.

---

37 „Cogadh Gaedhel re Gallaib": Erwähnung in einer Prophezeiung
38 Siehe Kapitel „Ivars Erben"

Fassen wir zusammen: Um 850 stieß ein (eventuell von den *Orkneys* dirigierter) starker Wikingerverband, dem ein Teil des „Lodbrok-Syndikats" angehört haben dürfte, in die irische See vor. Davon nahm sogar schottische Überlieferung Notiz, da ja die große Flotte an der westschottischen Küste vorbeizog. Wohl nicht umsonst wurden um eben diese Zeit die Reliquien des Heiligen Columban vom wenig geschützten *Iona* teils ins piktische *Dunkeld*, teils ins irische *Kells* umgebettet! Dass man letztere Lokalität für sicher hielt, ist erstaunlich – liegt *Kells* doch unweit des Wikingerstützpunkts *Dublin*, des Ziels der Flotte...

Die von *Saxo* überlieferten Indizien deuten darauf hin, dass Ivar mit jener Flotte 849 gekommen war und sich in Irland (Dublin) zu etablieren versucht hatte – offenbar friedlich, da die Annalen von keinen größeren Aggressionen berichten. Er war jedoch von den alteingesessenen Skandinaviern (*Saxos* Galli) bald darauf wieder vertrieben worden. „*Die Dubliner Dänen wurden bezwungen und Dublin von den Siegern geplündert. Nicht wenige entkamen, flohen in die Heimat, woher sie im folgenden Jahr mit Verstärkung zurückkehrten, die Feinde besiegten, Dublin zurückeroberten und wieder aufbauten.*" So fassen es die irischen „Ware's Antiquities" (1790) für das Jahr 851 zusammen. Dabei wurden nicht nur erste Bündnisse mit irischen Königen geschlossen, sondern es begann auch eine neue Phase wikingischer Aktivität auf irischem Boden.

Ragnars mysteriöses Ende

„Mir scheint es eine Prüfung,
dass wir nun unserem Schicksal folgen müssen;
wenige entgehen der Macht der Nornen."

So dichtet *Krákumál*, Ragnars Sterbelied, zu seiner letzten „Station", an der er ein Treffen ausfocht: **In Schottlands Buchten.** War das der Schauplatz, an dem in Wahrheit Seekönig Ragnald sein Ende fand? Die „Historia Norvegiae" belegt, dass er auch im schottischen Gebiet operierte, was von den *Orkneys* nur ein Katzensprung war. Das „Scottish Chronicle" von *Innes* behauptet, dass während der Regierungszeit von König Kenneth (macAlpin)[39]

„die dänischen Piraten Pictland heimsuchten und ins Landesinnere vordrangen, bis nach... Dunkeld am Tay, unter dem Einfluss von Ragnar Lodbrog, dessen Sinn nach Plündern stand, und dessen Freude Blutvergießen war. Kenneth, so glaubt man, focht ein heftiges Gefecht mit Ragnar und besiegte diesen berühmten Seekönig, zwischen Cluny und Dunkeld. Vermutlich hat sich Ragnar in sein Lager in Inchtuthil zurückgezogen, welches der Überlieferung zufolge augenblicklich von Kenneth gestürmt wurde. Daraufhin sollen die Dänen Zuflucht auf Bloody Inches genommen haben, eine Insel im Tay... Hier bemühten sie sich Widerstand zu leisten, wurden jedoch abermals in einem großen

---

39 Regierte von ca. 843 - 858

Gemetzel von Schotten und Pikten besiegt. Mit den Überresten des Heeres entkam Ragnar zu seiner Flotte..."

So haben es schottische Traditionen bewahrt. Die zeitgenössischen Quellen sind wie gewohnt mager. Nachweislich hatte Piktenkönig Kenneth macAlpin Kämpfe mit Wikingern zu bestehen – ob mit Ragnald von *Orkney*, läßt sich kaum mehr überprüfen.

Laut *Krákumál* wäre folgendes Szenario denkbar: Ragnald unternahm zusammen mit „König Orm" in der Irischen See einen Zug mit dem Ziel, diese Gebiete unter seine Kontrolle zu bekommen. Dabei kam Orm bei einem Waffengang auf der walisischen Insel *Anglesey* 856 um. Bei aller Spärlichkeit bestätigen walisische Annalen für diese Jahre Verwüstungen durch „dunkle Fremde", zwischen 853 und 856 auf *Anglesey*. Die Landzunge „Ormes Head" könnte nach Seekönig Orm benannt worden sein.

Dieser Platz war natürlich aufgrund seiner strategisch günstigen Lage höchst verlockend, in wikingischen Räubern Begehrlichkeiten zu wecken. Inseln eigneten sich hervorragend als Ausgangsbasis für Piraten- und Eroberungszüge. Damals gehörte *Anglesey* allerdings zum nordwalisischen Königreich Gwynedd, das wiederum von dem energischen Rhodri Mawr gelenkt wurde. Wie das *Krákumál* andeutet, trafen Ragnar und seine Piraten bei ihrer Invasion von *Anglesey* denn auch auf erbitterten Widerstand. Rhodri Mawr erhielt nicht umsonst den Beinamen „der Große" - erst über zwei Jahrzehnte später konnte er von dänischen Wikingern nach Irland vertrieben werden.

Ragnalds Schicksal hat sich jedoch offenbar erst in schottischen Gefilden entschieden. Eine Niederlage am *Tay*, wie es die schottische Überlieferung weiß, ließe allerdings vermuten, dass Ragnalds Flotte eine separate Expedition (von den *Orkneys* her) entlang der schottischen Ostküste unternommen hat. Vielleicht ums Jahr 854? Dieses nennt nämlich die „Series Regum Daniae" (1772) zeitnah als Ragnar Lodbroks Todesjahr, verweist aber wieder einmal auf die Hinrichtung durch König Hella, also Aella von *Northumbria*, der Ivar im Jahre 867 unterlag.

Besagter Aella wurde von der nordischen Sagentradition zum Mörder Ragnars aufgebläht, indem er den berüchtigten Wikinger nach seiner Gefangennahme in eine Schlangengrube warf. Nun dürfte es weder in *Northumbria* noch in *Wales* oder Irland zu dieser Zeit königlich betriebene Schlangengruben gegeben haben – wohl aber in der „Völsunga Saga", wo ein anderer prominenter König im Schlangenturm landete: nämlich der Nibelunge Gunnar! Da die Sagen um Ragnar und die Völsungen eng miteinander verflochten wurden, fand schließlich (in hochmittelalterlicher Überlieferung) auch Ragnar Lodbrok seinen Heldentod als Speise für Giftschlangen.

Die Wirklichkeit sieht wohl weitaus weniger episch aus: Ragnald von *Orkney* könnte, nachdem der mächtige norwegische Seekönig Olaf der Weiße ab 853 in der

Irischen See das Sagen übernommen hatte[40], sich über die schottische Ostküste hergemacht haben, wo er möglicherweise in König Kenneth mac Alpin seinen Meister fand. Hätte jener Ragnald gefangen und hingerichtet, wäre dies allerdings in die schottische Tradition eingeflossen. Möglicherweise starb Ragnald an Kampfverletzungen.

Der Sagenkreis um Ragnar Lodbrok malt den Moment breit aus, da seine Söhne die Nachricht vom tragischen Ende ihres Vaters erhalten. Diese Episode wirft wiederum ein bezeichnendes Licht auf Ivars Naturell. Bei *Saxo* ist sie folgendermaßen ausgestaltet:

„Ivar erfuhr von der Katastrophe, als er gerade den Spielen zuschaute. Nichtsdestoweniger verzog er keine Miene und brach in keinster Weise zusammen. Nicht nur verbarg er seinen Kummer und verhüllte die Neuigkeit...; er erlaubte nicht einmal, dass sich ein Klagen erhob ... Weder verfinsterte sich seine Miene, noch wandte er seine Augen von der öffentlichen Zerstreuung, um sich seinem eigenen Gram hinzugeben; er wollte nämlich nicht plötzlich in die tiefste Melancholie fallen oder den Anschein erwecken, dass er sich mehr wie ein betrübter Sohn als ein unbeschwerter Kommandant benahm.“

Saxo verlegt das Ganze in einen hochmittelalterlichen Kontext, in dem er Ivar so etwas wie einem Ritterturnier beiwohnen läßt, als die Hiobsbotschaft eintrifft. Er schaute sich natürlich ebenso wenig ein Match der *Bohemians*

---

40 Siehe folgendes Kapitel

Dublin an. Aufschlussreich ist, welche Eigenschaft ihm *Saxo* angesichts einer so erschütternden Meldung attestiert: eine enorme Selbstbeherrschung.

Ivars beide Brüder Sigurd Schlangenauge sowie Björn Eisenseite reagieren (laut *Saxo* und den Sagas) weitaus emotionaler: Während Ersterer sich einen Speer in den Fuß rammt, ohne den Schmerz zu spüren, presst Björn seine Finger so fest um einen Würfel, dass das Blut unter seinen Fingernägeln hervorquillt. Heroische Schmerzunempfindlichkeit und stoische Gelassenheit – das waren in der nordischen Sagenwelt Kardinaltugenden!

Ivar hingegen hütet sich, in aller Öffentlichkeit die Fassung zu verlieren, auch weil er eine allgemeine Panik verhüten möchte. Sein Verhalten entspricht dem eines „professionellen" Herrschers. Und deshalb begreift auch Ragnars Mörder, dass er „*die Tapferkeit Ivars am meisten fürchten müsse.*" Somit ist Ivar legitimiert, Aella vom northumbrischen Thron zu stoßen, und *Saxo* bereitet seine Leser auf die Invasion Englands vor, die allerdings erst ein Jahrzehnt nach Ragnars Tod vonstatten geht.

In „Ragnars Saga" ist alles noch dramatischer ausgeschmückt: Hier überbringen König Aellas Gesandte die Nachricht von Ragnars Tod ganz offiziell den Lodbrok-Söhnen bei einem Gastmahl. Diese Szene hat der schwedische Maler *August Malmström* 1857 in einem beeindruckenden Gemälde festgehalten („König Ellas

Gesandte vor Ragnars Söhnen").[41]Auch dort wahrt Ivar die Fassung, trotz aller inneren Erregung: *„Sein Gesicht wurde abwechselnd bald rot, bald blau, bald bleich, und seine Haut war ganz aufgeschwollen von dem Ingrimm in seiner Brust."* Während seine Brüder sogleich ihre Rache an Aellas Gesandten austoben wollen, gebietet Ivar Einhalt: *„Das soll nicht geschehen; sie sollen in Frieden fahren... und wenn es ihnen an irgendetwas fehlt, so sollt ihr es mir sagen, und ich will es ihnen geben."*

Trotz aller Erregung: Ivar hat sich so weit unter Kontrolle, dass er die Immunität von Gesandten nicht verletzt! Als aber seine Brüder einen sofortigen Vergeltungszug fordern, spricht er: *„Ich mag keinen Teil daran nehmen und keine Mannschaft dazu hergeben; denn es erging Ragnar, **wie vorauszusehen war. Er hat seine Sache schlecht angefangen**, denn er hatte **keine Ursache zum Kriege** gegen König Elli, und es ist schon oft bewährt, dass, **wer mit Übermut und Gewalttat zu Werke geht**, selber schmählich dabei umkommt. Ich will lieber Geldbuße von König Elli annehmen, wenn er sich dazu verstehen will."*

Dass sich seine Brüder vor den Kopf gestoßen fühlten, verwundert kaum. Zeigte Ivar doch ein Verhalten, das mit wikingischen Grundsätzen scheinbar nicht konform ging. Die heilige Pflicht der Rache lehnte er ab, wollte die Angelegenheit stattdessen mit einer Forderung von sogenanntem Wergeld (= Sühnegeld) regeln! Hatte ihn

---

41 A. *Malmström* lebte von 1829 – 1901; er verewigte zahlreiche Szenen aus der nordischen Mythologie

jegliches Ehrgefühl verlassen? Und kritisierte auch noch seinen getöteten Vater, dass er selber schuld an seinem Geschick wäre! Unglaublich! Was mutete der Sagaschreiber da seinen Lesern zu!

Nun hatten wir schon so einige Episoden, wo Ivar ganz „unheldisch", unwikingisch reagierte, also auch nicht stereotyp – und da können sich Spuren tatsächlicher Abläufe verraten: Im Übrigen deuten die Sagas Konflikte zwischen Ragnar und seinen Söhnen an.[42] Wenn Ivar seinem Vater vorwarf, jemanden grundlos angegriffen zu haben, so mochte sich das auf einen Konflikt beziehen, den Ivar lieber auf diplomatischem Weg geregelt hätte.[43]

Soll in der Saga überhaupt ein Kontrast in der Wesensart dieser beiden Wikingerführer zum Ausdruck kommen? Der populäre Held Ragnar tritt ab – und mit seinem Erben Ivar tritt ein offenbar ganz anderer Charakter auf, der auf seine Weise ebenso erfolgreich sein wird. Falls Ivar und sein Vater so unterschiedlich waren, hat es gewiss Reibungen gegeben, einen Vater-Sohn-Konflikt, von dem die Saga Reste erhalten hat.

Saxos moralisches Schlusswort über Ragnar Lodbrok lautet: *„Er besaß eine unversehrte Flotte..., unermessliche Macht als Räuber, während die andere Seite seines Schicksals ihm den Untergang seines Ruhms bescherte, das Abschlachten seiner Soldaten und ein überaus bitteres Ende... Somit sank ein*

---

42 Dazu auch Kapitel „Das Wikinger-Syndikat"
43 Dazu mehr im folgenden Kapitel

außerordentlich ruhmreicher Eroberer herab zum erbärmlichen Los eines Eingekerkerten. "

Saxo hätte seinem Helden wohl eher einen zünftigen Wikingertod im Gefecht gewünscht, wie ihn die meisten seiner Söhne fanden. Auch wenn es nicht Raginer der Eroberer von Paris war, der Karl den Kahlen sowie König Horik von Dänemark blamiert hatte, sondern ein nicht minder notorischer Zeitgenosse namens Ragnald, vertriebener Königssohn möglicherweise aus dänisch-norwegischem „Hochadel" und ein Parade-Wikinger voll brutaler Tatkraft, der sich (im *Krákumál*) selbst rühmt, 51 Gefechte bestanden zu haben, bevor ihn sein Schicksal ereilte.

Noch ein kurzes Wort zu den Giftschlangen: Abgesehen davon, dass hinter ihnen der Einfluss der „Völsunga-Saga" steckte, könnten sie auch auf der <u>symbolischen</u> Ebene zu verstehen sein, wie so manches in den alten Sagas: Giftschlangen waren eine treffliche Metapher für – Hinterlist. Eventuell ist Ragnald letztendlich in eine heimtückische Falle gestapft, wie Nibelunge Gunnar. Er sagt ja im *Krákumál* selbst: „*Ich hätte mir nicht Aella am Ende meines Lebens vorgestellt* (d.h. als sein Verhängnis)". Für den englischen König Aella muss man sich selbstverständlich jemanden anders denken – vielleicht einen seiner norwegischen Rivalen, die er so schlimm heimgesucht hatte...

Olaf der Weiße

Nicht lange nach der Seeschlacht von *Carlingford Lough*, in der die Neuankömmlinge um 852 über die norwegischen Rivalen triumphiert hatten, sollte sich das Blatt wieder zugunsten Letzterer wenden: Nämlich bereits 853 mit der Ankunft eines gewissen Olaf, den die irischen Annalen Sohn eines norwegischen Königs nennen. In den nordischen Sagas lebt er weiter als *„größter Heerkönig der westlichen See."* Übrigens unter dem Beinamen „der Weiße" – vielleicht wegen seiner weißblonden Haare. Da kommen einem die „hellen Fremden" zu Bewusstsein, wie die Iren die norwegischen Zuwanderer nannten. Möglicherweise erklärt sich dadurch der Saga-Beiname...

Offensichtlich war besagtem Olaf sein furchterregender Ruf bereits vorausgeeilt, denn den „Annalen von Ulster" zufolge *„unterwarfen sich ihm die Skandinavier in Irland, und die Iren zahlten ihm Tribut."* Denkbar, dass Olaf nicht das erste Mal in Irland ankerte und bereits mit den früheren Wikingerchefs wie z. B. Thorgils zusammengearbeitet hatte; wenn er nicht überhaupt mit ihnen verwandt war oder ein „Syndikat" bildete.

Zweifellos war Olaf zu dieser Expedition aufgebrochen, um die chaotischen Zustände in den irischen Kolonien zu beenden und die Neuen „zurückzupfeifen". Da er recht schnell vor Ort war, um seinen Norwegern beizustehen, ist es wahrscheinlich, dass er nicht aus dem fernen Norwegen, sondern von norwegischen Stützpunkten an der schottischen Küste oder auf den *Hebriden* rübergesegelt war. Im Nu hatte er die Hackordnung wieder hergestellt und Ruhe geschaffen.

Ganz ohne bewaffnete Zusammenstöße offenbar – und das nach den vorangegangenen heftigen Konflikten zwischen beiden Parteien! Denn die Sieger von *Carlingford Lough* hatten nachweislich eine Art Besatzung zurückgelassen, bevor sie Richtung Wales weiterzogen: *„Solche aus dem Volk von Horm, die geblieben waren")*[44]. Dies zweifellos, um die dem Gegner abgerungenen Gebiete, vor allem den Hafen *Dublin*, zu sichern. Ivar könnte unter diesen bereits eine leitende Funktion gehabt haben, da *Saxo* ja behauptet, er hätte in Irland zur Zeit jener Konflikte Autorität ausgeübt.

Da Seekönig Orm erst um 856 auf *Anglesey* umkam, ist als sicher anzunehmen, dass er selbst (zusammen mit Ragnald) dem Rivalen Olaf rechtzeitig aus dem Weg ging. Dazu passen seine intensiven Bemühungen, ab 853 Fuß zu fassen auf *Anglesey* sowie dem walisischen Festland. Möglicherweise hatte er die *Isle of Man* als Basis. Diese spielt nämlich in der „Saga von König Horn" eine wichtige Rolle, und sie geriet später unter den Einfluss von Ivars Nachkommen.

Was war mit Ivar selbst? Nahm er mit Reißaus? Es gibt da einen Eintrag in den „Annalen von Lindisfarne", für das Jahr 855: *„Das Heer der Heiden, nämlich die Dänen und*

---

44 Laut „Fragmentarischen Annalen"

Friesen unter Führung von Halfdan, Ubba und Inguar legen an der Insel Sheppey an." Sheppey ist eine Insel in der Themsemündung, die von wikingischen Verbänden in den Jahren vor der Invasion Englands gern als Winterlager und Ausgangsbasis für ihre Raubzüge themseaufwärts benutzt wurde. Hat sich also Ivar, um dem in Irland eintreffenden Olaf auszuweichen, südwärts gewandt und sich mit seinen Brüdern an der Themsemündung getroffen?

Nicht undenkbar. Allerdings starteten Ivar und seine Brüder den Einmarsch Englands erst ein Jahrzehnt später, nämlich 865, als alles wohl vorbereitet war. Zweitens: Da die „Annalen von Lindisfarne" erst im 12. Jahrhundert zusammengetragen wurden, hat man möglicherweise hier Piraten auf *Sheppey* fälschlich Ivar und seinem Großen Heer zugeordnet.

Wieder sind es die bereits zitierten „Fragmentarischen Annalen von Irland", die einige interessante Hinweise zum Schicksal der in Irland verbliebenen „Dänen" liefern, indem sie schildern, wie *„eines Tages die Dänen, ... zu Cerball kamen... und er ihnen beistand gegen die Norweger, da sie befürchteten, von der Strategie der Norweger überwältigt zu werden. Cerball nahm sie daher ehrenhaft auf, und sie begleiteten ihn häufig, um Siege über die Norweger und Iro-Skandinavier zu erringen."*

Cerball war ein irischer Regionalkönig, Herr über das Reich *Osraighe* (südwestlich von Dublin), und er ist als zeitweise sehr wichtiger Verbündeter der künftigen Könige von Dublin nachgewiesen. Die Quelle ist so zu verstehen, dass bereits Horm und sein Verband um 851 mit Cerball eine Allianz eingingen.

Obige Annalen fahren fort, „die Dänen" als gute Verbündete gegen „die Norweger" zu loben: „*Die Leute von Munster sandten Boten zu Cerball, er möge kommen und die Dänen mitbringen..., um ihnen beizustehen und sie gegen die Norweger zu unterstützen, die ihnen zusetzten und sie plünderten... Cerball befahl den Dänen und Leuten von Osreighe, rasch vorzurücken..., um die Leute von Munster zu befreien, und das passierte... Danach rückte Cerball vor, um die Norweger mit einem großen Heer von Dänen... anzugreifen.*" Vor der Schlacht wendet sich Cerball auch an seine dänischen Hilfstruppen: „*Erweist euch an diesem Tage tapfer, denn die Norweger sind eure **radikalen Feinde**, da ihr Kämpfe ausgetragen und euch seinerzeit gegenseitig abgeschlachtet habt!*"

Da spielt der irische König natürlich auf die Seeschlacht von *Carlingford Lough* und die vorangegangenen Kämpfe an. Diese hier geschilderten Ereignisse lagen also irgendwann nach 852: König Cerball und andere irische Regionalkönige hatten in „den Dänen" treue Verbündete gegen die (alteingesessenen) Norweger sowie irische Rivalen gefunden. Die Dänenfreundlichkeit der „Fragmentarischen Annalen" und ihre Norwegerfeindlichkeit sind geradezu auffallend – allerdings nicht verwunderlich, da diese Annalen im 11. Jahrhundert von König Cerballs Nachkommen in Auftrag gegeben wurden. Offenbar hatte man die „dänischen" Verbündeten in *Osreighe* stets in guter

Erinnerung bewahrt.

Was man daraus folgern kann? Die in Irland verbliebenen Neuen – und wohl auch Ivar – hielten sich an König Cerball als ihren Verbündeten, von dem sie auch gastlich aufgenommen wurden. Sie unterstützten ihn als Gegenleistung gegen feindliche Nachbarn (rivalisierende irische Clans sowie iro-skandinavische Eindringlinge von den *Hebriden*, nicht König Olafs Norweger)!

Denn, wenige Jahre später, stellt man etwas Erstaunliches fest: 857, ein Jahr nach dem Tod Orms (und wohl auch Ragnalds), taucht Ivar als Olafs Verbündeter auf. Sicher kein Zufall. Orms und Ragnalds Verlust ließ Ivar auf sich gestellt in Irland zurück. Um diese Zeit wird er sich dem mächtigen Norweger angenähert haben.

Der Pakt zwischen Olaf und Ivar sollte sich als dauerhaft bis zum Ableben beider Männer erweisen. Auf den ersten Blick erstaunlich. Die Schlacht von *Carlingford Lough* hatte von den unterlegenen Norwegern immerhin einen hohen Blutzoll gefordert – die Quellen sprechen von 5000 Mann! Natürlich war Olafs Partei da zunächst mal „*radikaler Feind*" der Eindringlinge. Und doch tat man sich schließlich zusammen. Ivar wird in den oben genannten Annalen als Olafs jüngerer Bruder bezeichnet. Durchaus könnten beide miteinander verwandt gewesen sein – wären sie aber leibliche Brüder gewesen, so hätten die Sagas sie miteinander verknüpft. Dies ist jedoch nicht geschehen. Ein Bruder war bei Wikingern auch oft ein

„Waffenbruder". Für die Iren waren Olaf und Ivar Brüder, weil sie künftig in Eintracht agierten.

Wenn man Ivars in den Sagas beschriebenes mäßigendes, um Ausgleich bemühtes Naturell berücksichtigt, scheint es nicht abwegig, dass von ihm die Initiative zur Allianz mit Olaf ausgegangen ist. Letzterer war mit seiner Dominanz darauf nicht unbedingt angewiesen – Ivar hingegen schon. An dieser Stelle schauen wir auf eine interessante Passage in „Ragnars Saga": Ein Gespräch zwischen Ivar und dem allgegenwärtigen König Aella (von Northumbria), das historisch gar keinen Sinn ergibt, durchaus aber zwischen Olaf und Ivar hätte stattfinden können:

*„Als er vor König Aella kam, begrüßte er jenen ehrerbietig und begann seinen Fall vorzutragen: „... Ich wünsche, mit dir Friedensverhandlungen zu führen. ... Ich sehe jetzt, dass ich nichts gegen dich habe, und es erscheint mir besser, von dir solche Ehren zu erhalten, wie du sie mir gewähren wirst, als meine Leute oder mich selbst dir auszuliefern." König Aella antwortete: „Einige Leute sagen, dass es nicht leicht ist, dir zu trauen. Du sprichst oft nett zu ihnen, denkst aber anders...." Ivar: „Ich werde wenig von dir erbitten... Und ich soll dir schwören, dass **ich mich nie gegen dich stelle**."*

Vielleicht ist der historische Kern in dieser Episode gar die Übereinkunft Ivars mit Olaf dem Weißen. Passen würde auch, dass all dies kurz nach dem Tod von Orm und Ragnald passiert (so wie Ivars Verhandlungen mit Aella nach dem Tod Ragnars ansetzen). Ivar war bereit, sich gegen Zusicherung von Frieden und Treue unter Olafs Huld zu begeben. Olaf seinerseits hatte allen Grund zu Misstrauen und Vorsicht. Dennoch mag Ivar Olaf von den Vorteilen einer Zusammenarbeit schließlich überzeugt haben. Denn auch wenn der Norwegerfürst unter seinen Leuten unangefochtenen Respekt genoss – in Irland gab es noch immer Ressentiments gegen die skandinavische Präsenz. Da war es wirklich nicht klug, sich auch noch gegenseitig zu bekämpfen. So wurde das Kapitel „Carlingford Lough" begraben, und man konzentrierte sich künftig darauf, weitere stabile Allianzen mit irischen Königen aufzubauen.

Selbst der amtierende Hochkönig Mael Sechnaill war den Neuankömmlingen gegenüber anfangs nicht abgeneigt: Er soll nach dem Sieg bei *Carlingford Lough* eine Gesandtschaft zu den Dänen geschickt und Olaf später gar zu einem Bankett eingeladen haben. Olaf hätte sich allerdings die Gunst des Hochkönigs durch Wortbruch verscherzt. Welche Ereignisse im Einzelnen das Verhältnis auch immer eingetrübt hatten - 859 rückten Olaf und Ivar Mael Sechnaill erstmalig penetrant auf den Pelz.

So leicht war allerdings dem Hochkönig nicht beizukommen, denn einige Erfahrung hatte der schon mit den lästigen Nachbarn. Offenbar mit Hilfe einflussreicher Kirchenoberhäupter gelang es ihm, dem Gegner einige seiner Verbündeten wieder abzuluchsen: Darunter auch König Cerball. Zum einen hatte der Klerus wohl mit Exkommunikation gedroht, sofern christliche Könige mit heidnischen Barbaren weiterhin zusammenarbeiteten; zum anderen war Cerball mit dem Hochkönig nun mal verschwägert und wollte ihn denn doch nicht allzu sehr verärgern.

Ganz scheint er freilich nicht auf Abstand gegangen zu sein. In nordischen Sagas steht zu lesen, dass eine seiner Töchter einen Sohn von Olaf dem Weißen ehelichte, und so manche isländische Familie führte sich auf diesen Irenkönig zurück. Wie das? Nachdem die Iren unter Führung ihres Einigers Brian Boru im 11. Jahrhundert viele Wikinger von ihrer Insel vertrieben hatten[45], siedelten manche der Flüchtlinge auf Island. Und erzählten offenbar viel Gutes über ihren Ahnen Cerball, der selbst eine sehr lange Herrschaftszeit in seinem Reich *Osreighe* hatte[46]. Offenbar hatte Cerball trotz Druck vonseiten der irischen Kirche den Kontakt zu den heidnischen Herren von Dublin nicht ganz abreißen lassen, vor allem nach dem Tod des Hochkönigs Mael Sechnaill (862). Es ist nämlich nicht bekannt, dass sich die Dubliner an Cerball für seinen Frontenwechsel in irgendeiner Form rächten.

Das taten sie jedoch mit einem anderen Ex-Verbündeten, den sie grausam hinrichten ließen. Der Hochkönig seinerseits bestrafte diejenigen Iren streng, die weiterhin für die Heiden Partei ergriffen. Eine traditionelle irische Strafe war das Blenden. Olaf und Ivar sahen sich in scheinbar endlose Zwistigkeiten und ständig wechselnde Bündnisse

---

45 Siehe Kapitel „Ivars Erben"
46 Er regierte von 842 - 888

verstrickt. So lange Mael Sechnaill regierte, traten sie auf der Stelle, und auch der neue Hochkönig, ein ehemaliger Alliierter, machte entschlossen Front gegen sie. Folglich zeigten die Dubliner bei ihren Expeditionen eine steigende Rücksichtslosigkeit.

Mit höchster Empörung berichteten die „Annalen von Ulster", wie das Wikingerheer unter Olaf und Ivar im Jahre 863 den sogenannten „Boyne-Gräbern" einen „archäologischen Besuch" abstattete – einer Gruppe uralter irischer Kultstätten nordwestlich von Dublin. Es handelt sich um über 4000 Jahre alte Megalithgräber, die mit ihren imposanten Hügeln äußerlich sehr den Anlagen ähnelten, wie die Skandinavier sie für ihre hochrangigen Verstorbenen errichteten. Auch wenn die Boyne-Gräber damals noch nicht zum UNESCO-Weltkulturerbe zählten: Für die Iren war solche Grabschändung ein unerhörter Akt (wobei auch irische Verbündete da mitgemacht hatten). Abgesehen von Plünderlust dürften Olaf und Ivar sehr wohl gewusst haben, welch kultische Bedeutung diese Grabstätten für die Einheimischen besaßen. Es blieb nicht die einzige Heimsuchung jener Stätten durch Wikinger. Wie wir sehen werden, verfuhren diese nachmals in England ähnlich mit altehrwürdigen Königsgrablegen.[47]

Trotz manch erfochtenen Sieges gelang es den beiden Herrschern nicht, Stabilität herzustellen. Vielleicht zu ihrer Verstärkung reiste ein dritter Seekönig an - Oisl, angeblich ein weiterer Bruder von Olaf, vielleicht auch nur

---

47 Dazu Kapitel „Ivars Grusel-Grab"

„Waffenbruder". Wie die irischen Annalen anmerken, gab es bald Spannungen zwischen jenem Oisl und der Dubliner Doppelspitze. 866 wird denn auch seine Ermordung berichtet, durch Olafs Hand. Ivar hatte daran eindeutig keinen Anteil, da er zu jener Zeit längst in England operierte. Möglicherweise war Neid im Spiel, denn Oisl wird als ziemlich beliebt gerade bei den Iren beschrieben – angeblich drohte er zudem Olaf dessen irische Ehefrau auszuspannen.

Die Doppelregentschaft von Olaf und Ivar hingegen schien harmonisch zu verlaufen. Zweifellos war sie eingerichtet und beibehalten worden, um die beiden alten Parteien – alteingesessene Norweger und dazugestoßene Dänen – dauerhaft zu versöhnen. Allerdings verließen sowohl Olaf als auch Ivar bald darauf die Insel, für einige Jahre. Ivar als Erster: Um 864/5 zog er zu seinem englischen Abenteuer aus, und Olaf 866, um in Westschottland weitere Gebiete unter wikingische Oberhoheit zu bringen. Die Abwesenheit beider Herrscher hätte die wikingischen Kolonien an der irischen Küste beinahe die Existenz gekostet, nutzten irische Widersacher doch sofort die Gunst der Stunde, um schwere Vergeltungsschläge gegen ihre Stützpunkte zu führen. Dennoch entglitt Irland nicht wikingischer Kontrolle. Olaf und Ivar behielten es weiterhin im Blick.

Sie hatten nämlich offenbar große geostrategische Ziele: Ein gut florierender Handel von Irland aus, der ja noch im Aufbau war, brauchte noch mehr Anbindungen. Über *Hebriden* und *Orkneys* bestand eine Handelsroute nach

Skandinavien und südwärts bis nach Spanien sowie zum Mittelmeerraum. Ein wikingisch kontrolliertes England eröffnete darüber hinaus ungeahnte Möglichkeiten zur Belebung des Handels beiderseits der Irischen See. Solch ein „Handels-Imperium" stärkte wiederum die Macht der Wikingerkönige und sicherte ihre Unabhängigkeit gegenüber dem Festland.

Ungefähr 15 Jahre hatte Ivar in Irland verbracht, die meiste Zeit davon als Compagnon des norwegischen Seekönigs Olaf. Zusammen mit jenem hatte er sich während der letzten Jahre in langwierigen Rangeleien mit dem Hochkönig und dessen Verbündeten bewährt. Dabei scheint er vor allem mit dem Herrscher Cerball von Osreighe frühzeitig ein Vertrauensverhältnis aufgebaut zu haben. Diese irische Phase zeigt also, dass Ivar als Herrscher Geschick besaß, sich Allianzen aufzubauen, und selbst ein beständiger Bündnispartner war.

Trotz aller Verlässlichkeit und Mäßigung (die Ivar ja auch in den Sagas bescheinigt wird) – etwas muss da in ihm geschlummert haben: Der Wunsch nach voller Selbständigkeit, nach strahlendem Ruhm? Mit dem *understatement*, das er als Olafs Mitregent gezeigt hatte, war es augenblicklich vorbei, als er den Oberbefehl über eine Streitmacht übernahm, die als „Großes Heidenheer" in die Geschichtsannalen eingehen sollte.

Kleiner Exkurs:

Die wikingischen Gründerväter

Im 12. Jahrhundert verfasste der normanno-walisische Prälat *Gerald of Wales* eine ausführliche Abhandlung über Geschichte und Topografie Irlands. Dabei widmete er sich auch der wikingischen Landnahme. Offenbar lagen ihm hierfür alte irische Sagen und Berichte vor:

„Nicht lange danach kamen erneut einige Abenteurer von Norwegen und den nördlichen Inseln her auf die Insel (Irland); sie waren entweder die Überreste der früheren Einwanderer dieser Rasse..., oder deren Söhne, die durch ihre Eltern von dem Wohlstand des Landes erfahren hatten. Sie kamen nicht auf Kriegsschiffen an, sondern unter dem Vorwand von Frieden und vorgeblich als handeltreibende Abenteurer. Als sie sich somit zunächst in Irlands Häfen festgesetzt hatten, bauten sie schließlich, mit Zustimmung der Territorialherren, zahlreiche Städte an diesen Orten. Da nämlich die angeborene Faulheit (!) des irischen Volkes diese davon abhielt, ... jegliche Anstrengungen zu unternehmen, die Meere zu erkunden oder sich im Handel zu engagieren, hielt man es für ratsam, in einer allgemeinen Versammlung des ganzen Königreichs, dass einige Leute zu Teilen des Königreichs Zugang haben sollten, durch deren Handelstätigkeit die Produkte anderer Länder ins Land gebracht werden könnten, um die Iren mit solchen Waren auszustatten, die ihr eigenes Land nicht lieferte. Diese Fremden hatten als Führer

98

*drei Brüder, deren Namen **Amelaus, Sytaracus und Yvarus** waren. Sie bauten zunächst die Städte Dublin, Waterford und Limerick, von denen Dublin aufgeteilt wurde und unter die Herrschaft von Amelaus kam, Waterford hingegen an Sytaracus und Limerick an Yvarus. Aus diesen Kolonien entsandte man im Laufe der Zeit Leute, weitere Städte in Irland zu gründen.*

Diese Leute (d.h. die Wikinger) waren zunächst den Landeskönigen ergeben und verhielten sich friedfertig. Sowie aber ihre Anzahl stark anstieg und sie ihre Städte mit Wällen und Gräben befestigt hatten, entsannen sie sich der alten Feindschaften, die begraben in ihrer Brust lagen, und begannen zu rebellieren... Von diesen neuen Siedlern und den früheren norwegischen Immigranten ... lernten die Einheimischen den Gebrauch der Streitaxt..."

Schön anschaulich beschreibt Gerald hier die zweite wikingische „Einwanderungswelle". Die Namen der drei Gründerbrüder klingen zwar sehr nach Fantasy, aber beim zweiten Hinsehen hat man sie bald identifiziert: Es handelt sich um Olaf den Weißen, Ivar sowie einen gewissen Sigtrygg. In den Annalen taucht ein solcher Sigtrygg im Gegensatz zu Olaf und Ivar nicht auf – allerdings trugen ein Sohn sowie ein Enkel Ivars später diesen Namen. Besagter Enkel sollte zu Beginn des 10. Jahrhunderts das sog. Zweite Wikingerzeitalter in Dublin einläuten[48]; es könnte also sein Andenken hier mit hineinspielen, da er auch von *Waterford* aus operierte. Die Verknüpfung Ivars mit der Stadt *Limerick* beruht ebenfalls auf einer Übertragung: Im späten 10.

---

48 Siehe Kapitel „Ivars Erben"

Jahrhundert regierte dort einer seiner Nachfahren gleichen Namens. *Limerick* selbst war bereits von norwegischen Wikingern um 845 gegründet worden; *Waterford* um 860, also zur Zeit der Herrschaft Ivars und Olafs.

Diese alte von *Gerald* aufgeschriebene Gründungslegende enthüllt, welche Wikingerführer sich die irische Tradition besonders gut gemerkt hatte. Es waren die Stammväter der sogenannten *Ui Imair*-Dynastie, die Irlands skandinavische Geschicke jahrhundertelang lenken und prägen sollte, Ivars Nachfahren.[49] Auch ist es übrigens nicht die einzige Stadtgründungslegende, die man mit Ivar verbindet.[50]

Interessant ferner *Geralds* Angabe, dass jene „Gründerväter" in friedfertiger Weise anreisten, also nicht auf Kriegsschiffen. Was für ein Kontrast zu den Annalen, die doch pausenlos über Wikingerüberfälle lamentieren. Der von *Gerald* geschilderte friedliche Zuzug muss sich auf die Zeit nach 850 beziehen, als sich die Verhältnisse ein wenig konsolidierten und die Wikinger von Raubzügen auf Kolonisation der Küste übergingen. Schon Olafs Ankunft in Irland um 853 war friedlich verlaufen, und es herrschte für einige Jahre Ruhe.

An dieser Stelle schweifen wir zu einer merkwürdigen Episode in „Ragnars Saga", wo der Held seiner Frau Aslaug eröffnet, er plane mit nur zwei Handelsschiffen nach England zu segeln. Solche wikingischen Handelsschiffe,

---

49 Siehe Kapitel „Ivars Erben"
50 Siehe auch Kapitel „Die Eroberung Englands: York"

Knarr genannt, hatten eine etwas bauchigere Form als die schnittigen Kriegsschiffe. Aslaug muss sich darüber sehr wundern: *„Ich rate dir, mehr und kleinere Schiffe zu nehmen."* Ragnar darauf: *„Es ist keine Kunst, ein Land mit vielen Schiffen zu erobern.",* worauf Aslaug ihn sachkundig belehrt: *„Es ist besser, Langschiffe in einen Hafen (als Überfall) zu steuern als Transporter!"* Nichts zu machen. So segelt Ragnar in sein Unglück – nämlich Aellas vielzitierte Schlangengrube!

Man versteht den großen Ragnar hier nicht so recht, und sein Ansinnen erscheint fast ein wenig lächerlich. Vielleicht aber verweist diese Episode eigentlich auf die Kolonisierung Irlands (und später Ostenglands) durch die Dänen.

Sicher ist zumindest, dass seit etwa 850 sich Ivar in Irland zu etablieren versuchte. Laut Annalen nahm er erst 857 an einer militärischen Expedition (an Olafs Seite) teil. Nach der Seeschlacht von *Carlingford Lough* (852) scheinen sich die Verhältnisse tatsächlich erst einmal beruhigt zu haben. Gelegentliche Züge gegen den irischen Hochkönig und dessen Verbündete dürften die skandinavische Aufbauphase ohnehin kaum gehemmt haben. *Geralds* Behauptung, dass die irische Führungsschicht einmütig solche – kontrollierte – Einwanderung (umtriebiger Händler) zunächst tolerierte, ist sicher ein wenig zu harmonisch betrachtet. Wie man sah, gab es aber Teile der irischen Führungsschicht, die mit den Wikingern durchaus gut kooperierte. Und unter jenen sicher auch rasch Handelspartner gewann.

Jüngste archäologische und wissenschaftliche Untersuchungen in Irland geben übrigens zu der Annahme Anlass, dass Irlands Bevölkerung in den zwei Jahrhunderten vor der Ankunft der Wikinger einen bedeutenden Schwund erlebt hatte – mit der Ankunft der „Ostmänner" wäre die Bevölkerung der Insel wieder gestiegen. *Geralds* Behauptung, irische Fürsten hätten Zuwanderer an ihren Küsten begrüßt, wäre demnach nicht aus der Luft gegriffen.

Möglicherweise hatten bereits die vor Olaf und Ivar in Irland ansässigen norwegischen Wikinger weitreichende Handelsbeziehungen zumindest angeknüpft. Man mutmaßt, dass eine muslimische Gesandtschaft aus *Cordoba*, unter Führung von *el-Ghazal* (von der es ausführliche hochmittelalterliche Berichte gibt) den Hof des bereits erwähnten Fürsten Thorgils ansteuerte. Dieser Kontakt zum muslimischen Andalusien sei 844 anläßlich eines von Irland aus dirigierten Raubzuges nach Südspanien zustande gekommen. Am Königshof ehrenvoll empfangen, hätte *el-Ghazal* eine Handelspartnerschaft mit den irischen Norwegern verhandelt. Durch die kurz danach erfolgte Ermordung von Thorgils wären die Dinge erstmal ins Stocken geraten. Falls dem so war, haben Olaf und Ivar den Kontakt zu *Cordoba*, in Nachfolge von Thorgils, sicher aufrechterhalten.[51] In Dublin sollte sich u.a. ein Sklavenmarkt etablieren, der für die Muslime sicher von Interesse war, ebenso wie der Import von Pelzen und

---

51 Dazu W.E.D. Allen: The poet and the Spae-Wife..., 1960

Fellen. Angeblich brachten Ivars Brüder von einem zweiten Orientabenteuer um 860 afrikanische Gefangene nach Irland, die man dort nicht wenig bestaunte, nämlich als „blaue Männer"...

Olaf und Ivar dürften nach ihrer Etablierung damit zu tun gehabt haben, Dublin als Handelsbasis auszubauen. Ivar seinerseits könnte in dieser Zeit mit der Gründung einer Familie beschäftigt gewesen sein.[52] Sollte er an körperlichen Einschränkungen gelitten haben, war es ohnehin in seinem Interesse, sich fest zu verwurzeln. Hierzu passt vielleicht seine Äußerung in „Ragnars Saga": *„Es erscheint mir besser, (zu bleiben) ... als zu weiteren erfolglosen Reisen aufzubrechen."* Unablässige Raubzüge kreuz und quer durch Europa waren auf Dauer für ihn keine Option.

In der Erzählung „Strength to the Strong Hand" von *Neil Martin* (2003) hat Ivar einen kurzen Auftritt als gewiefter Handeltreibender und Herr von *Wicklow*, einer Wikingergründung südlich von *Dublin*. Dieses *Wicklow* trägt tatsächlich im Wappen einen Raben, die Insignie von Ivars in Irland herrschenden Nachkommen[53].

---

52 Siehe Kapitel „Ivars Erben"
53 Ebenda

Die Invasion Englands, Erster Akt:

York

„Die riesige dänische Flotte traf ein: Keiner, der sie sah, hatte dergleichen zuvor gesehen!", staunt Geschichtsschreiber *Geffrei Gaimar* noch nach über 300 Jahren. Die angelsächsischen Zeitgenossen betrachteten das besondere Event eher cool: *„Im selben Jahr kam ein großes Heidenheer ins Land der englischen Nation und nahm dort Winterquartier."*, vermerkt die Angelsächsische Chronik zum Jahr 866 nüchtern. „Großes Heidenheer" - das wird fortan die gängige Bezeichnung für die wikingische Invasionsstreitmacht, die ganz andere Ziele hat als die überschaubaren Plünderaktionen zuvor; das wird den Engländern allmählich klar. Nur leider keine Angabe, welche Größenverhältnisse man sich eigentlich vorzustellen hat. *Geffrei Gaimar* spricht von 20.000 Fußsoldaten. *Florence von Worcester* ist sich sicher: *„Ein so starkes und so zahlreiches Heer kam weder vorher noch danach nach England."* *Saxo* nennt 400 Wikingerschiffe. Das ergäbe über 10.000 Mann, bei einer durchschnittlichen Belegung von 30 Mann pro Langschiff. Zum Vergleich: 200 Jahre später führte Wilhelm der Eroberer auf 600 Transportschiffen nebst Pferden rund 7000 Mann nach England! Man muss sich wohl damit bescheiden, dass die Streitmacht respektable Ausmaße hatte. Die neuerdings öfter genannte Zahl von 3000 Mann (oder sogar drunter) kann nicht realistisch sein,

104

da die Wikinger innerhalb von fünf Jahren ja immerhin zwei Königreiche eroberten, deren langfristig effektive Kontrolle mit nur wenigen tausend Mann kaum gelungen wäre![54]

Und das Große Heer bestand zwar überwiegend, jedoch nicht ausschließlich nur aus Dänen. Wie man bereits sah, mischten die Norweger bei den Wikingerzügen kräftig mit, ebenso die Schweden, die sich allerdings mehr die östlichen Gefilde vorknöpften und dabei das Reich der Rus begründeten. Im „Großen Heidenheer" zogen möglicherweise auch Friesen mit. Kaum verwunderlich, da die Wikinger sich Einfluss über friesische und flandrische Gebiete gesichert hatten. Spätere Siedlungsnamen wie *Frisby* verraten, wo diese schließlich seßhaft wurden.

Nun kommt der schon erwähnte Eintrag in den „Annalen von Lindisfarne" zum Zug, der bereits für das Jahr 855 ein Winterquartier der wikingischen Führer Ingwar, Hubba und Halfdan, verstärkt durch friesische Kontingente, auf der Insel *Sheppey* in der Themsemündung vermerkt. Das sind nämlich die künftigen Generäle des „Großen Heeres", so dass man dieses Ereignis wohl aufs Jahr 865 verschieben kann. Wenn der Einmarsch in England 865 vonstatten ging, dann hatten sich die Streitkräfte natürlich beträchtliche Zeit vorher gesammelt – allerdings nicht so auffällig, dass man in England zu früh auf ihr Ansinnen aufmerksam wurde.

---

54 Dazu auch Kapitel „Der lange Kampf gegen Wessex"

Man darf sich das „Große Heidenheer" nicht so vorstellen, dass es *en bloc* von einem Punkt her anreiste – schließlich handelte es sich nicht um eine „nationale" Streitmacht, die aus einem Herkunftsland aufgebrochen war. Hier haben wir es ja mit Wikingern zu tun, die zurzeit in ganz Europa in größeren oder kleineren Verbänden mobil waren. Von diesen schlossen sich nun Massen zu eben diesem „Großen Heer" zusammen. Das war im bisherigen Verlauf wikingischer Aktivität etwas noch nicht Dagewesenes. Es setzte einen feldherrlich wohl durchdachten und ausgeklügelten „Masterplan" voraus.

Große Feldherrn mit strategischem Weitblick hatten die Wikinger bislang nicht hervorgebracht – wenn auch eine ganze Reihe tollkühner Seekönige vom Zuschnitt eines Ragnar oder Hastein. Aber natürlich waren Wikinger, wie sich immer wieder zeigte, äußerst lernfähig und ließen sich von dem, was sie woanders sahen, stimulieren. Ihre Ambitionen steigerten sich. England war ein fruchtbares Land mit hervorragenden Handelsanbindungen.

Dreiste Piratenüberfälle vornehmlich auf südenglische Regionen hatten sich in den letzten Jahrzehnten gehäuft und die Angelsachsen in Atem gehalten. Die dafür verantwortlichen Wikingerverbände hatten ihre Kenntnis strategisch günstiger Orte und Routen dabei stetig verbessert. 851 war dann ein massiverer Vorstoß erfolgt: Sagenhafte 350 Drachenschiffe sollen über die Themse eingedrungen sein und *Canterbury* sowie *London* geplündert haben; allerdings wurden sie danach empfindlich geschlagen. All diese zähen Versuche, wie sie die Chroniken in endloser Länge auflisten, verraten, dass die Wikinger seit langem Anlauf genommen hatten, in England Fuß zu fassen. Bei aller Entschlossenheit hatte wohl ein taugliches strategisches Konzept gefehlt.

„Sie waren nur gescheitert, weil es ihnen an einer einheitlichen Strategie fehlte... Im Gegensatz zu früheren Wikingerverbänden war dies nicht bloß eine Ansammlung von Kriegerbanden, sondern unter dem vereinten Kommando eines einzelnen Feldherrn. .. Aufwendige Planung war dem Aufbau des Heeres vorangegangen...", erläutert L. Brownworth.[55] Wie aber hat man sich das Organisieren einer so großen Streitmacht aus sämtlichen Himmelsrichtungen her vorzustellen?

Die Wikinger waren offenbar Meister darin, das richtige Timing hinzubekommen und Absprachen selbst über große Entfernungen weg zu treffen. Dabei kam ihnen das weite Netz ihrer Verbindungen zugute. Mobile Fernhändler sowie diverse miteinander vernetzte Piratengruppen informierten einander vor allem über: Politisch relevante Ereignisse in den Ländern, die man sich als Raubziel ausgeguckt hatte. Ob es z. B. gerade einen Thronwechsel und infolgedessen Nachfolgekrisen gab, die man ausnutzen konnte – so geschehen beim Tod Kaiser Ludwigs des Frommen 840: Als dessen drei Nachfolger sich erstmal in die Haare kriegten, zögerten die Wikinger nicht, die Gunst der Stunde zu nutzen (darunter wohl auch Schwerenöter Ragnar). Das wikingische Treiben im Frankenreich verrät zudem, dass an

---

55 The Sea Wolves, 2014

verschiedenen Stellen eigenständig operierende Einheiten hervorragend miteinander kooperierten.

Dieses sich nun formierende „Große Heer" hatte somit jahrzehntelange Erfahrung in derlei Belangen, auch wenn es sich um das erste Unternehmen in solch anspruchsvollem Stil handelte. Altgediente Anführer segelten da auf ihren Drachenschiffen heran. Doch von wem war nun der „Ruf" zum Sammeln ausgegangen? Das musste doch ein Heerkönig von außerordentlicher Autorität sein. Ein englischer Chronist des 10. Jahrhunderts[56] beantwortet die Frage: *„Die Flotten des Tyrannen Ingwar kamen in England an."*

Später sollte man von den „Lodbrok-Söhnen" sprechen. Da war Ubbe, der ein friesisches Kontingent befehligte. Wir hatten ihn schon kurz kennengelernt: Als möglicherweise unehelichen, aufmüpfigen Sohn, der den Vater früh verdrängen wollte.[57] Ubbe könnte zuvor das Scheldegebiet kontrolliert haben, da sein Gefolge „Scheldeleute" genannt wurde. Ferner Halfdan, der ebenfalls als Bruder Ivars bezeugt ist. Außerdem diverse Könige, von denen man leider nicht viel weiß; jeder sicher Kommandeur einer respektablen Gefolgschaft. Ein gewisser König Anwend könnte mit Schweden in Verbindung stehen. Unter den prominenten Teilnehmern war auch Knut, Sohn des um 854 umgekommenen Dänenkönigs Horik[58]. Royals aus der

---

56 Aethelweard
57 Kapitel „Familienfehde"
58 u.a. laut www.genealogie-mittelalter.de

ersten Liga also.

Das Lodbrok-Syndikat blies zum Sturm auf England – wer wollte da fehlen? Auch der „kleine Mann" konnte sich schließlich in so einem Unternehmen etwas noch viel besseres erwerben als einen Logenplatz in Walhall: Ein schönes Stück Land...

Man kann davon ausgehen, dass Ivar, für die nächsten fünf Jahre *commander-in-chief*, den „Masterplan" für die Invasion ausgearbeitet hat – wahrscheinlich hat er gar, in Absprache mit seinen Brüdern sowie den anderen Königen, den Anstoß dazu gegeben. Die Sagas veranschaulichen ja, wie Ivar gern als Ratgeber seiner Brüder auftrat, dass er ihnen „neue Projekte" vorschlug. Dieses Projekt zielte, wie gesagt, auf ein westliches Handelsimperium unter wikingischer Kontrolle, mit dem eine skandinavische Besiedlung Englands verknüpft sein sollte.

Vorher aber mussten diverse angelsächsische Königreiche bezwungen werden – und das waren immerhin die Erben der einst so wilden Eroberer, die sich die Insel nachhaltig untertan gemacht hatten. Sie hatten nicht so abgebaut wie ihre karolingischen Zeitgenossen, sondern besaßen nach wie vor eine solide militärische Schlagkraft. Das bekamen die britischen Randreiche *Wales*, *Cornwall* oder die *Pikten* im hohen Norden immer wieder zu spüren. *Wessex* hatte sogar die Energie, wikingische Einfälle zurückzuschlagen und dann noch seinem Nachbarn *Mercia* bei der Züchtigung der Waliser zu assistieren! Es bestand somit kein Anlass, ein solches Unterfangen wie die Eroberung Englands auf die leichte Schulter zu nehmen.

Da Ivar ab 864 in den irischen Annalen nicht mehr auftaucht, wird er sich bereits auf dem Weg befunden haben, zum *meeting point*, wo sein Generalstab wartete. „Ragnars Saga" nimmt auf diese Vorbereitungen Bezug: *„Ivar... entsandte Leute, die sich mit seinen Brüdern treffen und ihnen mitteilen sollten, dass er sie aufforderte, Truppen aus allen von ihnen beherrschten Ländern auszuheben und jeden Mann aufzubieten, den sie hatten. Als diese Nachricht die Brüder erreichte, wurde ihnen schnell klar, dass Ivar dachte, sie hätten jetzt ihre beste Chance, einen Sieg zu ergattern. Sie boten all ihre Leute auf... und zogen eine überwältigende Streitmacht zusammen. Dann nahmen sie Kurs auf England, Tag und Nacht segelnd, da sie wollten, dass so wenig Neuigkeiten wie möglich vor ihnen England erreichten."*

Wenn man sich die Jahre unmittelbar vor dem „großen Event" in den Chroniken anschaut, fällt auf, dass die in den Jahrzehnten zuvor fast regelmäßig aufgetretenen Raubüberfälle auf die englische Südküste ab ca. 860 abebben. Offenbar hat es um diese Zeit bereits Absprachen gegeben, die Kräfte zu bündeln für eine große Aktion. Man könnte auch sagen: Es herrschte „Ruhe vor dem Sturm"! Ivars Brüder und sonstige Verbindungsleute dürften vorher hauptsächlich im Süden (Frankenreich, Spanien) operiert haben; andere kamen aus Skandinavien neu hinzu, und er selbst führte ein Geschwader irischer Wikinger. Sein Winterquartier befand sich wahrscheinlich 864/5 auf der großen Insel *Sheppey*, was nicht weiter Aufsehen erregte, hatten doch dort schon diverse Piratenhorden überwintert. Auf *Sheppey* sowie der Halbinsel *Thanet* an der Küste von *Kent* saßen Wikinger bereits jahrelang im Winterquartier. Dort waren sozusagen die Ausgangsbasen, und sie blieben es sicher während der Operationsphase des Großen Heeres. Die Bedeutung dieser „Kent-Wikinger" wird in Untersuchungen über die Aktionen des Großen Heeres leider meist außer acht gelassen. Mittels der auf *Sheppey* und *Thanet* stationierten Kontingente konnten von anderen Wikingerverbänden überbrachte oder vom Großen Heer auswärts gesandte Nachrichten weitervermittelt werden, vor allem hinsichtlich der wichtigen Nachschubfrage, die – wie man sehen wird – in den kommenden Jahren hervorragend gelöst wurde. Diese Vorposten dienten somit als wichtiges logistisches Drehkreuz, wo – wie auf dem französischen *Noirmoutier* – auch Märkte abgehalten wurden.

Gewissen Lokaltraditionen zufolge soll hier auch der Lodbrok-Sohn Björn Eisenseite operiert haben, nachdem er seine spektakulären Raubzüge im Frankenreich abgeschlossen hatte (um 862). Eventuell war er Ivars Ruf zur Unterstützung gefolgt und über den Ärmelkanal gehüpft. Damit hätte ein erfahrener Kommandeur wie Björn die verantwortungsvolle Aufgabe der Truppenkoordination an Englands Südküste durchgeführt. Leider erfährt man über sein weiteres Schicksal nichts Näheres. Kirchliche Quellen lösen das Problem ganz einfach, indem sie Björn, nach Heimsuchung eines Nonnenkonvents auf *Sheppey*, als gerechte Strafe von Kents Erde verschlucken lassen, ein gängiges Motiv. Klösterliche Einrichtungen auf *Sheppey* dürften da bereits seit Jahren verwaist gewesen sein...

„In demselben Jahr (865/6) bezog das große Heidenheer sein Winterquartier unter den Bewohnern von Ostangeln, und sie wurden mit Pferden ausgestattet. Die Leute von Ostangeln machten Frieden mit ihnen.", berichtet die Angelsächsische Chronik.

Also kein wilder Ansturm auf das Land. Die Bewohner von *Ostangeln* (ein König ist nicht genannt) trafen (mehr oder minder) bereitwillig ein Abkommen mit der Führung des Riesenheers. Was anderes wäre ihnen wohl auch nicht anzuraten gewesen angesichts der Dimension dieser zu allem entschlossenen Streitmacht. Ihre Kooperation verschaffte ihnen vorerst Ruhe. Für vier Jahre...

Die ungestümen Plünderer hatten sich in eine disziplinierte Armee verwandelt. *Ostangeln* war – für den Augenblick und zur Erleichterung seiner Bewohner – nur eine Durchgangsstation. Nach der Winterpause (die gewöhnlich von November bis März verlief) teilte sich das Riesenheer: Die Flotte fuhr an der Ostküste nordwärts, bis in den *Humber* hinein, derweil das zweite (mit englischen Pferden ausgestattete) Kontingent auf alten Römerstraßen in dieselbe Richtung zog: Ins Königreich *Northumbrien*, genauer: Auf *York* zu, ein wichtiges Zentrum.

Warum marschierte man bis ins hinterste Eck, anstatt sich die naheliegenden Regionen erstmal einzuverleiben - *Ostangeln, Wessex, Mercia?* Weil kühle Strategie *Northumbrien* als leichtere Beute analysiert hatte - herrschte da doch zur Zeit Bürgerkrieg. *„Zu dieser Zeit brach heftiger Zwist aus... unter den Northumbriern."*, erzählt König Alfreds Biograf Asser. *„Sie hatten ihren rechtmäßigen König Osbert aus seinem Reich vertrieben und einen gewissen Tyrannen namens Aella ernannt... nicht von königlichem Blut..."* Für Asser geschah es den zerstrittenen Northumbriern ganz recht, dass sie nun die Wikinger auf dem Hals hatten.

Da ist er endlich - der bereits oft erwähnte König Aella! Völlig unschuldig an Ragnar Lodbroks Tod. Und dennoch bis auf den heutigen Tag Haupt-Sündenbock - auch in dem Hollywoodklassiker „Die Wikinger" (1954)! Dass er *„nicht von königlichem Blut"* gewesen sein soll, überrascht ein wenig - war Aella doch ein altehrwürdiger dynastischer Name, den im 6. Jh. bereits ein König von *Deira*[59] trug! Laut „Annalen von Lindisfarne" regierte der Usurpator Aella vier Jahre, hatte also um 863 den langjährigen Amtsinhaber Osbert vom Thron verdrängt. Es ist sicher davon auszugehen, dass für Ivar und seine Mitorganisatoren dieser Machtumsturz sich als Anlass des ganzen Unternehmen bot.

Übrigens war auch das an *Northumbrien* grenzende Königreich *Mercia* zu jener Zeit beschäftigt - nämlich

---

59 *Deira* und *Bernicia* bildeten die beiden alten Provinzen, aus denen dann *Northumbria* hervorging

damit, die Waliser (wieder einmal) zu züchtigen. Über die Gründe solch rigoroser Expedition Mercias nach Wales schweigen die Chroniken; für das Große Heer war dieser Umstand freilich außerordentlich günstig, so dass die Kavallerie unangefochten Richtung Norden vorrücken konnte. Sie dürfte durchs heutige Lincolnshire, also den kürzesten Weg, gezogen sein. Von größeren Kampfhandlungen auf dieser Passage ist nichts überliefert. Wahrscheinlich hatte sich die Bevölkerung durch lukrative Tributzahlungen größere Belästigungen vom Hals gehalten. Das war ganz normaler Usus, wie ihn die Wikinger seit Jahrzehnten überall praktizierten, mit Erfolg. Genauso wie etwa seinerzeit die Hunnen...

Erst ein Jahrhundert später bürgerte sich für solche Wikingertribute das Wort Danegeld ein. Als Ende des 10./Anfang des 11. Jahrhunderts eine neue Welle von Wikingereinfällen über England schwappte, kletterten die Tributforderungen der dänischen Invasoren (angeblich) von 10 000 auf unverschämte 36 000 Pfund in Silber! Wie bescheiden war da Ragnar, der Eroberer von Paris, als er 845 Karl den Kahlen um 7000 Pfund in Silber erleichtert hatte, als Preis für seinen Abzug! Welche Summen Ivars Großes Heidenheer verlangte, wird nicht angegeben. So was umfasste auch Leistungen in Naturalien. In Ostangeln waren den Invasoren beispielsweise Pferde zur Verfügung gestellt worden. Allein die wikingischen Winterlager dürften die Ressourcen regionaler „Gastgeber" ganz schön strapaziert haben.

Zurück ins Jahr 866: Am 1. November zog man in *York* ein, als alles mit dem Allerheiligenfest beschäftigt war. Mit den Wikingern wurde es dann eine Halloween-Party. Auch so eine wikingische Masche: Man „besuchte" Städte an hohen christlichen Feiertagen, wenn die Leute mit Festivitäten und Gottesdienst abgelenkt waren. Der schlimme Ragnar hatte seinerzeit Paris zu Ostern beehrt. Die Nordleute schienen somit einen guten Überblick über den christlichen Feiertagskalender zu haben, natürlich durch ihre Kontakte mit Christen (sei es Verbündete oder Gefangene).

Allerdings: Einen großen Kampf um York scheint es (da noch) nicht gegeben zu haben. Nichts Derartiges ist in den Annalen erwähnt. Hat man also die Ankömmlinge einfach so reingelassen? Quellen und Legenden zufolge hatte es Kollaborateure gegeben, die den Invasoren ein wenig den Weg ebneten. *Geffroi de Gaimar* bietet dazu wieder mal ein paar mehr Details:

„*Und dann quartierten sich die Dänen in York ein; einige auf dem Wasser, einige in Zelten. Die führenden Leute aber, die Lords, begaben sich in Häuser der Stadt. Dort wohnte ein vornehmer Mann – Buern Butsecarl[60] mit Namen. Er beherbergte all die Lords sehr komfortabel, mit großen Ehren. ... Er hatte die Dänen geholt.*"

Dieser Buern, der als Seefahrer bzw. Händler beschrieben wird und in anderen Versionen der Legende Aernulf heißt,

---

60 Butsecarl = „Bootsmann"

hatte nämlich gute Gründe, die Wikinger ins Land zu rufen: Seine Gattin war während seiner Abwesenheit in Handelsangelegenheiten vom König (bei *Gaimar* König Osbert) schamlos verführt worden. Daraufhin hatte sich Buern mitsamt Gefolge vom König losgesagt und mit den Dänen konspiriert.

Vielleicht war dieser Buern bzw. Aernulf ein skandinavischer oder mit Skandinavien vertrauter Händler, der gute Kontakte zu Wikingern pflegte. Sogar schottische Überlieferungen kennen Buern (Verna) als überaus aktiven Verbündeten der Wikinger: „*Mit der Unterstützung gewisser Engländer im Gefolge Buerns*"[61] eroberten die Dänen *Northumbria*, und Buern soll sogar eine Abteilung in der Schlacht unter Ivars Oberbefehl geleitet haben!

Die von *Gaimar* präsentierte Erklärung für den Einmarsch der Wikinger ist jedenfalls realistischer als die nordische Version von Ragnar in der Schlangengrube. Sie verrät, dass die northumbrischen Könige unter ihren Untertanen keinen uneingeschränkten Rückhalt besaßen. Außerdem läßt sie Northumbriens eigentlichen König Osbert nicht unter den Tisch fallen und stellt nicht Aella als alleinigen Sündenbock dar.

Der Bürgerkrieg zwischen den beiden rivalisierenden Parteien mochte das Volk verärgert haben, so dass manche die Wikinger gar als eine Art Streitschlichter begrüßten. Sogar irische Quellen erwähnen, dass König Aella von

---

61 Buchanan: „Scottish Chronicle", 1805

einem „jungen Mann aus seinem eigenen Gefolge verraten worden war" - ein Detail, das sicher auf Berichten irischer Wikinger beruhte. Aellas dominantere Rolle in der Überlieferung läßt sich damit erklären, dass er damals (866) offenbar in der stärkeren politischen Position war.

Die „Sage von Ragnars Söhnen" spielt tatsächlich auf gewisse Sympathien zwischen Wikingern und Northumbriern an: *„Ivar erwarb sich unter dem ganzen Volk des Landes Freunde, insbesondere unter den Häuptlingen, und so geschah es, dass alle Häuptlinge ihn und seine Brüder vertrauenswürdig nannten."*

Natürlich übertreibt die Saga hier kräftig (und ähnlich gerissenes Taktieren wird von Sachse Hengist als des Briten Vortigerns Vertrautem erzählt). Dennoch mochten die Wikinger gewisse northumbrische Kreise auf ihre Seite gezogen haben, mit geschickter Diplomatie sowie großzügigen materiellen Zuwendungen. So hatte sich Ivar offenbar auch mit den führenden Leuten in *Ostangeln* gütlich geeinigt. Mit kaum einem Schwertstreich hatte er bislang viel erreicht! Der Staatsmann *Churchill* bringt es auf den Punkt: *„Ivar führte ebenso gut mit Höflichkeit Krieg wie mit Waffen."*

Es sollte allerdings nicht so bleiben. Ganz kampflos wollten Northumbrias Herrscher dem Eindringling das Feld denn doch nicht überlassen. Notgedrungen begruben König Osbert und sein Rivale Aella ihren Zwist, um im folgenden Frühjahr mit vereinter Streitmacht zur Befreiung ihrer

117

Hauptstadt anzurücken. Nun fanden sich einmal die Wikinger als die Belagerten, hinter Yorks alten Römermauern.

„Bei Annäherung (der Northumbrier) flohen die Heiden und versuchten, sich hinter den Stadtmauern zu verteidigen.", schildert Asser. *„Als die Christen ihre Flucht und den Schrecken bemerkten, in den sie geraten waren, beschlossen sie, ihnen hinein in die Stadtbefestigung zu folgen, und schlugen somit eine Bresche in die Mauer. ... Nachdem viele von ihnen zusammen mit den Heiden in die Stadt eingedrungen waren, machten Letztere, angestachelt von Frust und Not, einen grimmigen Vorstoß auf die Christen, schlachteten sie ab, metzelten sie nieder... sowohl innerhalb als auch außerhalb der Mauern. In dieser Schlacht fielen nahezu alle northumbrischen Truppen, und beide Könige wurden erschlagen. Der Rest, welcher entkam, schloss mit den Heiden Frieden."*

Das ganze Drama spielte sich Ende März im Jahre 867 ab. Für die Verteidiger eine vollständige Niederlage (sie hätten vielleicht nicht ausgerechnet am Palmsonntag angreifen sollen, als Christen!). Aber der Hergang des Kampfes riecht nach Anwendung einer Kriegslist. Stichwort: Vorgetäuschter Rückzug. *L. Brownworth* kommentiert: *„In York war es, wo Ivar der Knochenlose erstmalig seine Verschlagenheit zeigte. Anstatt zum Treffen mit den beiden Königen hinauszumarschieren, lockte er sie in die Stadt, indem er vorsätzlich einen Abschnitt der Mauer vernachlässigte."* Und zwang die Northumbrier zu einem zermürbenden Straßenkampf. Die City von York - das war damals im 9.

Jahrhundert all das, was das einstige Römerkastell Eboracum umschloss. Noch heute kann man das fast vollständig erhaltene Carrée der hochmittelalterlichen Stadtmauer ablaufen. Da die Wikinger seit November 866 in York saßen, hatten sie den Winter über sicher ihre Vorkehrungen getroffen für den Ernstfall, und sie kannten jeden Winkel. Darauf könnte eine Bemerkung in *Saxos* Bericht von Ivars Operationen in York anspielen:

„Ivar brachte in die Stadt... Vorräte, die im Falle einer Belagerung überaus dienlich sein würden, denn er wünschte, dass die Verteidigungsmittel ebenso nützlich gegen Mangel wie gegen einen Feind wären." Natürlich musste Ivar damit rechnen, dass die Northumbrier versuchen würden, ihn wieder hinauszuwerfen, und traf während der Wintermonate entsprechende Dispositionen.

Saßen Wikinger erstmal in einer Stadt, bekam man sie so schnell da nicht wieder raus. Diese Erfahrung mussten auch die Franken machen – etwa im Fall von Nantes oder Angers. Monatelang belagerte man sie da, ohne etwas ausrichten zu können. Wikinger waren findige Festungsbauer, die sich einzuigeln wussten.

Der northumbrische Widerstand war somit nach der gescheiterten Rückeroberung Yorks zusammengebrochen. Beide Könige waren tot. In der Schlacht gefallen, wie angelsächsische Quellen behaupten. Die nordischen widersprechen: Der böse Aella wurde gefangen und von Ivar hingerichtet – natürlich wegen Ragnars Tod in seiner

Schlangengrube. Da man nun aber weiß: Schlangen und Rache sind eine Fiktion - was ist dran an Aellas Hinrichtung?

Im 11. Jahrhundert dichtete man am Hof König Knuts des Großen, der damals England beherrschte, dass *„Ivar, der in York weilte, König Aella den Blutadler in den Rücken schnitt.* " Hört sich gruslig an - und dahinter verbarg sich ein abscheuliches Ritual, das den nordischen Sagas zufolge vor allem als Rachemaßnahme vollzogen wurde: *„Sie ließen einen Adler in Aellas Rücken schneiden und mit einem Schwert alle Rippen vom Rückgrat lösen, so dass die Lungen herausgezogen wurden.* "

Eine gräußliche Prozedur! Dass gefangene Könige dem Gott Odin geweiht wurden, war durchaus üblich. Auch Ragnar hatte nach einem Sieg über die Franken über 100 gehängte Gefangene Odin geweiht. Möglich, dass König Aella gefangen und ebenfalls Odin geopfert wurde - da aber das „Blutadler"-Ritual nur in späterer Dichtung und Saga überliefert ist, neigt die heutige Forschung dazu, darin eine Metapher der überaus blumigen Saga-Sprache zu sehen für Tod im Kampf (die Gefallenen als Futter für den „Adler des Schlachtfeldes", nämlich den Raben!). Man braucht sich zur Veranschaulichung nur mal die kreativen (nach heutigem Geschmack eher makabren) Umschreibungen für Kampfgemetzel im *Krakumál* anzusehen! König Knuts Skalde hätte also poetisch umschrieben, dass Ivar den im Kampf gefallenen König Aella den Raubvögeln als Speise weihte. Wie gesagt, scheidet Vergeltung im Fall Aellas aus;

sie wurde erst deutlich später mit der Ragnarlegende erfunden.

Man vergesse nicht: Der Usurpator Aella wurde bereits von seinen angelsächsischen Zeitgenossen geschmäht, so dass an seinem Negativ-Image nicht allein die Nordleute gestrickt haben dürften. Vor allem verzieh man ihm nicht, dass er sich im Bürgerkrieg northumbrischen Kirchenbesitz widerrechtlich angeeignet hatte. Verdiente so einer nicht in den Augen des Klerus das göttliche Strafgericht? Sachlich betrachtet war Aella um keinen Deut schlimmer als andere Herrscher seiner Zeit.

Einzig der bereits zitierte hochmittelalterliche Geschichtsschreiber *Geffrei Gaimar* bescheinigt König Aella einen ehrenvollen Abgang. In vorderster Reihe läßt er ihn gegen die Dänen fechten und umkommen: „*Die Stelle, wo er niedergehauen worden war, wird Ellecroft genannt. ... Da befindet sich ein Kreuz, das genau in der Mitte Englands steht, und das die Engländer Ellecross nennen.*" Aha - man hat zu König Aellas Gedenken sogar ein Kreuz nach ihm genannt oder sogar errichtet, in der Mitte Englands! Der Anglo-Normanne *Gaimar* hatte offensichtlich Zugang zu ganz anderen Traditionen...

Simeon von *Durham* hingegen informiert, dass Northumbriens amtierender Bischof Wulfhere zur Zeit der desaströsen Auseinandersetzung um *York* auf seinem Landsitz weilte. *Simeon* ist überhaupt der Einzige, der über Wulheres Schicksal informiert. Bei Yorks Eroberung am

Allerheiligenfest muss Wulfhere anwesend gewesen sein (um Messe zu halten). Offenbar erfreute er sich danach weiterhin bester Gesundheit, denn er blieb (bis um 890) Erzbischof. Ein erstaunlicher Fakt, verglichen mit den „Massakern" an Geistlichen, die den Nordleuten so gern in die Schuhe geschoben wurden. Offenbar tat Wulfhere das momentan Klügste und arrangierte sich (ähnlich wie wenige Jahre später der Bischof im wikingisch besetzten Nantes).

Beschließen wir den Ersten Akt der wikingischen Invasion Englands mit einer skurrilen Episode aus der „Saga von Ragnars Söhnen": Der Gründung Yorks durch Ivar den Knochenlosen!

„Ivar bat den König darum, ihm als Wiedergutmachung für seinen Vater so viel Land zu geben, wie er mit der größten Ochsenhaut umspannen konnte." So ein bescheidener Wunsch wurde von König Aella natürlich bereitwillig erfüllt. *„Ivar nahm nun die raue Haut und ließ sie so weit dehnen wie möglich. Er ließ die Haut in feinste Streifen schneiden, und dann trennte er die haarige von der fleischigen Seite. Danach ließ er die Schnur um ein flaches Feld ziehen und markierte eine Gründung ringsum. Dort zog er starke Stadtmauern hoch, und diese Stadt wird nun York genannt."*

Nun ja, im fernen Island des 13. Jahrhunderts hatte man keine so genaue Vorstellung von Yorks römischer Vorgeschichte. Noch unverschämter „Ragnars Saga", die Ivar auf solche Weise *London* gründen läßt! Allerdings könnte sich „Lundunaborg" auch auf *Lincoln* beziehen, das damals *Lindum* hieß, bereits in der ersten Phase der Invasion unter wikingische Kontrolle geriet und im Danelag kräftig prosperierte. Die in England nachmals siedelnden Ex-Wikinger legten offenbar sehr Wert darauf, König Ivar als eine Art „Gründervater" zu betrachten. Die Geschichte von der Ochsenhaut wird freilich u.a. auch von den legendären Kontrahenten Hengist dem Sachsen und Vortigern dem Briten erzählt, als Gründungslegende der sächsischen Landnahme im 5. Jahrhundert. Ja, die Angelsachsen waren seinerzeit selber als dreiste „Landnehmer" im damaligen Britannien aufgetreten. In gewisser Weise hat Ivar im Jahre 866 York zumindest „neugegründet": Als künftig florierendes Handelszentrum Jorvik, Metropole des englischen Nordens und skandinavischen *Northumbrien*[62]!

Nie war ein Ragnar Lodbrok in York im Schlangenverlies entschlafen. Für den nüchtern kalkulierenden Ivar waren *Northumbrien* und seine Hauptstadt vor allem aus handelspolitischen Erwägungen von Interesse. Dennoch gibt es möglicherweise (abgesehen vom Faible der Sagaschreiber für Dramatik) einen historischen Aufhänger für das Rache-Motiv:

Mitte des 10. Jahrhunderts fand, in Quellen knapp mitgeteilt, in York die Ermordung eines Königs Ragnald statt! Es handelt sich um einen von Ivars Nachfahren. Vielleicht bildet das die Vorlage für das Ragnar-Aella-

---

62 Dazu auch Kapitel „Die skandinavische Landnahme"

Drama. Die Saga hätte somit einen unbekannten Ragnald durch den berühmten Vorfahren ersetzt. Zudem gab es Nachkommen von König Aella, die offenbar politisch höchst aktiv gegen die Ansprüche von Ivars Nachfahren in *Northumbrien* vorgingen.[63] Da sich Letztere dies wohl nicht bieten ließen, könnte Aellas Andenken von den northumbrischen Skandinaviern weiter verdunkelt worden sein, bis aus ihm irgendwann „Ragnar Lodbroks Mörder" wurde...

---

63 Siehe auch Kapitel „Ivars Erben"

Die Invasion Englands, Zweiter Akt:

Nottingham

Das restliche Jahr 867 verbrachten die Wikinger in und um *York*. Nach dem Sieg über Northumbrias Könige galt es nun, das Eroberte administrativ zu sichern. *„Die Dänen setzten Egbert als König für die Northumbrier ein; dieser herrschte unter deren Aufsicht nur über diejenigen, die nördlich vom Fluss Tyne wohnten."*, beschreibt *Simeon von Durham*. Jener Egbert, aus dem northumbrischen Königshaus, herrschte somit über das alte Teilreich *Bernicia*, weisungsgebunden an die neuen Herren. Die Invasoren führten hier (nach dem alten Motto „Teile und herrsche") eine Politik ein, die sie auch bei der Eroberung von *Mercia* sowie *Ostangeln* praktizieren sollten: Das Aufteilen in einen Bereich für die Einheimischen und einen für die Neuankömmlinge. *Simeon* veranschaulicht, dass *„die Barbaren nicht weiter nach Norden vordrangen als bis zur Tynemündung, von wo sie daraufhin nach York zurückkehrten."* Das Gebiet nördlich vom *Tyne* war demnach von vornherein nicht zur Okkupation ausersehen worden und wurde künftig kaum skandinavisch besiedelt. Für eine effektive Kontrolle auch dieser Territorien waren die Invasoren offenkundig nicht stark genug.

Über die Neuorganisation im südlichen *Northumbrien* (dem

heutigen Yorkshire) informiert nur eine späte Quelle[64]: *„Dann… besetzten die Dänen das Land und befestigten seine Stützpunkte."* Wiederum wird dabei die Kollaboration northumbrischer Einwohner betont. Man beachte den Kontrast solch systematischer Absicherung mit früheren Wikingerüberfällen!

Natürlich gedachte sich der wikingische Generalstab nicht auf seinen Lorbeeren auszuruhen. Es gab noch viel zu tun. *„Ivars Plan war es, die angelsächsischen Königreiche eines nach dem anderen zu beseitigen.",* vermerkt *L. Brownworth.* Inwieweit das zutrifft, dazu später mehr.[65] Von insgesamt vier englischen Königreichen hatte Ivar eines bereits „in der Tüte". Übrig blieben noch: *Mercia* (das heutige Mittelengland), *Ostangeln* sowie das Größte, *Wessex* (Süd- und Südwestengland). Und dieses Quartett war damals noch weit entfernt davon, eine politische Einheit, so etwas wie einen „Staat" zu bilden. Die vier Königreiche waren sich seit ehedem nicht grün; da wurden nicht nur innere Querelen ausgetragen, sondern auch Nachbarschaftszwist. Seit die Wikinger eine erhebliche Belästigung der englischen Küsten darstellten, hatte das zwar nachgelassen. So ein Einmarsch wie der des Großen Heidenheeres wäre aber bei einer stabilen Einigkeit kaum möglich gewesen.

Nun, im Jahre 868, sollte *Mercia* erleben, dass die Wikinger sich keinesfalls mit seinem nördlichen Nachbarn *Northumbria* als Beute begnügten: *„Das bereits erwähnte*

---

64 *Robert Fabyan*, Chronicle, 15. Jh.
65 Kapitel „Der lange Kampf gegen Wessex"

Heidenheer verließ Northumbria und unternahm seinen gefürchteten Anmarsch auf Nottingham.", so Simeon von Durham. „Dort überwinterten diese verräterischen Fremden dieses Jahr, wobei ihre Ankunft für das ganze Volk hinreichend unerfreulich war."

Simeons Vokabel „verräterisch" deutet an, dass die Leute von Mercia offenbar mit so was nicht gerechnet hatten. Und schon war ein wichtiger Platz mitten in ihrem Land besetzt, ohne größere Kampfhandlungen, wie es scheint. Eventuell gab es auch hier pro-wikingische Parteien, wie in York. Während sich die Wikinger in Nottingham häuslich einrichteten und sich freuten, so einen strategisch günstig gelegenen Handelsplatz am Fluss Trent gleichsam ohne Schwertstreich besetzt zu haben, begriff der König von Mercia den Ernst der Lage und tat sich mit seinem südlichen Kollegen, König Aethelred von Wessex, zusammen. Vor Nottingham vereinigten sich beide Heere – eine doch recht ungemütliche Lage für die Invasoren:

„Von der Burg geschützt boten die Heiden den Kampf an, formierten ihre Schlachtreihen, präsentierten eine starke Armee; dennoch zauderten sie, da sie klar erkannten, dass das christliche Volk zu Tausenden und Zehntausenden seinen Gegnern Widerstand leisten würde... Die Herzen der Schlimmen wurden bezwungen, indem sie die Christen um Frieden und einen Vertrag baten... Frieden wurde geschlossen zwischen den Königen und den Heiden; und sie schieden voneinander." So weit Simeon von Durham.

In seiner Englischen Geschichte geht *Henry von Huntingdon* ein wenig näher auf Ivars Reaktion ein: *„Als Ivar sah, dass die gesamte Streitmacht von England (!) da versammelt war, und dass seine Streitmacht die schwächere war und dort eingeschlossen, verlegte er sich auf umgängliche Worte – ein Schlaufuchs, wie er war – und gewann Frieden und Treue von den Engländern. Dann kehrte er nach York zurück.“*

Henry geht hier ein wenig von seiner eigenen Zeit aus, als England ein geeintes Königreich war. Vor *Nottingham* standen immerhin zwei englische Könige, nämlich *Mercia* und *Wessex*, Schulter an Schulter gegen die große Gefahr. Ivar seinerseits erkannte, dass er, wenn auch von *Nottinghams* Befestigungsanlagen für den Augenblick geschützt, auf Dauer den Kürzeren zog. Laut *Henry* sowie *Simeon* ging die Initiative zu Verhandlung und Abkommen demnach von den Belagerten aus.

Die Bezeichnung *Henrys von Huntingdon* für den Wikingerführer, Schlaufuchs, erfasst genau Ivars Kerneigenschaft, wie sie die nordischen Sagas vorstellen. Seine Vorsicht vor Waffengängen wird hinreichend beschrieben – man erinnere sich an die Geschichte von König Eystein. Ivar nimmt dafür sogar in Kauf, als Zauderer hingestellt zu werden. In *Nottingham* hatte er nur ein Unentschieden erzielt – aber dies war für den Augenblick die beste Lösung. Besser, als knapp zu siegen, unter hohen Verlusten. Er kehrte in seine Basis zurück, um seine Strategie zu überdenken.

Dennoch war *Nottingham* – historisch betrachtet – keine unbedeutende Station: Standen sich doch der künftige Bezwinger der Wikinger, Alfred der nachmals Große, und der gefürchtete Ivar das erste und einzige Mal gegenüber! Alfred, erst 19 Jahre alt, war da noch Prinz. Beim Tod seines Bruders Aethelred zwei Jahre später sollte er auf den Thron nachrücken. Sein Biograph *Asser* schildert das große Event:

„*Angesichts des wikingischen Einmarschs schickten Burgred, König von Mercia, und alle Adligen dieser Nation unverzüglich Gesandte zu Ethelred, dem König der Westsachsen und seinem Bruder Alfred, mit der Bitte, zu kommen und ihnen beim Kampf gegen das Heer zu helfen. Ihre Bitte wurde bereitwillig erfüllt. Die Brüder... versammelten eine riesige Armee aus jedem Teil ihres Reiches und... rückten vor Nottingham, zur Schlacht entschlossen. Als nun die Heiden, von der Burg geschützt, einen Kampf verweigerten und die Christen nicht in der Lage waren, die Mauern zu zerstören, wurde Frieden geschlossen.*"

Die Wikinger waren somit also bereits zweimal belagert worden, ohne dass man sie aus ihrer Stellung gewaltsam vertreiben konnte. Ein sehr ähnliches Szenario spielte sich wenige Jahre später im Frankenreich ab: Karl der Kahle konnte die in Angers festsitzenden Wikinger ebenfalls nicht mit Waffengewalt, sondern nur mit einem Abkommen zum Abzug aus der Stadt bewegen.

Ivar der Schlaufuchs hatte bei dieser Unternehmung eine Karte ausgespielt, die für gewiefte Strategen unerläßlich ist:

Geduld. Darüber hinaus hatte er sein diplomatisches Geschick in die Waagschale geworfen. *Mercias* Eroberung war aufgeschoben, aber natürlich nicht aufgehoben. Man hatte zumindest vorzügliche Kenntnisse von seinen geografischen Beschaffenheiten, vor allem von *Nottinghams* Lage.

Die Angelsachsen ihrerseits hatten erfahren, was es bringt, sich zu verbünden; wie viel man mit vereinten Kräften gegen einen überlegenen Feind ausrichten kann. Dennoch kamen sie nicht auf die Idee, eine dauerhafte Allianz gegen die seit zwei Jahren gegenwärtige Gefahr zu bilden.

Die sog. westsächsische „Chronik des Aethelweard" verschweigt kurioserweise Wessex' Unterstützung der bedrängten Mercier und vermerkt stattdessen, dass „*König Burgred mitsamt seinem Adel dem Verweilen der Wikinger* (in *Nottingham*) *vorbehaltlos zustimmte.*" Das war ja nun eindeutig nicht der Fall. Warum schob Aethelweard dem König von *Mercia* so was unter? Wollte er vertuschen, dass seine Vorfahren vor *Nottingham* keinen glänzenden Erfolg erzielt hatten? Als Nachkomme der Könige von *Wessex* mag Aethelweard sich mit dem Waffenstillstand von 868 sowie dem Scheitern zweier königlicher Armeen bei der Belagerung von *Nottingham* nicht abgefunden haben.

Die Invasion Englands, Dritter Akt:

Ostangeln und das Martyrium König Edmunds

Ein Jahr brachten die Wikinger wieder in York und *Northumbria* zu, um das bereits Eroberte noch mehr zu konsolidieren und zu beraten, wie man weiter vorgehen sollte. *Mercia* wurde erstmal vertagt – dafür kam das Königreich *Ostangeln* ganz oben auf die Tagesordnung. Man hatte es ja ehedem als Ausgangsbasis benutzt, und der gerade amtierende König Edmund hatte sich gehütet, dem Großen Heer Steine in den Weg zu legen. Vergessen worden war das kleine Reich im Südosten keineswegs. Es hatte eine hervorragende strategische Lage, nördlich an die Themsemündung grenzend. War *Ostangeln* wikingischer Vorposten, konnten Flottennachschub und künftiger Handelsverkehr dort perfekt überwacht werden. Bei allem dachten Wikinger stets nicht nur an militärische Belange, sondern an ihre immensen Handelsinteressen.

Simeon von Durham vermerkt, dass um diese Zeit „*eine enorme Menge an Dänen und Truppen in Legionengröße zusammengezogen wurden, so dass viele Tausend anwesend zu sein schienen, als ob sie sich von einem Tausend zu 20 Myriaden vergrößert hätten.*" Diese Angabe ist in Bezug auf die Größenverhältnisse der Invasoren interessant. Einmal widerspricht sie modernen Theorien von lediglich ca. 3000 Mann als Großem Heer; zum anderen könnte sie darauf hinweisen, dass die Invasoren vor ihrem Feldzug nach *Ostangeln* Verstärkung erhalten hatten. Sie hatten ja in der Saison 869 keine Unternehmungen durchgeführt, die den Chronisten erwähnenswert schienen – vielleicht, weil sie die Verstärkung abwarteten. Eine solche war gewiss nötig, da ein Teil des Großen Heeres für die Administration von Süd-Northumbrien gebraucht wurde, also nicht an der Eroberung *Ostangelns* teilnehmen konnte. Diese offenbar bedeutsame Verstärkung könnte von Ivars Basis Irland und/oder vom Festland gekommen sein. Man sieht wieder einmal, wie wohlorganisiert die Logistik der „Barbaren" ablief.

„Dieses Jahr (also Ende 869) *ritt die Armee durch Mercia nach Ostangeln und schlug dort in Thetford ihr Winterlager auf; und im selben Winter kämpfte König Edmund gegen sie. Die Dänen behielten die Oberhand, töteten den König und unterwarfen das ganze Land."*, vermerkt die Angelsächsische Chronik knapp.

„Indem sie Mittel-Mercia mied und somit den Vertrag von Nottingham respektierte, marschierte Ivars Armee durch Lincolnshire.", präzisiert Collingwood[66]. Die Wikinger kamen somit *Nottingham* und Mercias König diesmal nicht nahe, sondern wählten „ganz artig" eine Route durch die östlichen Randregionen. Genau diesen Weg hatte ihre Reiterei drei Jahre zuvor nordwärts genommen. In der Tat dürfte das heutige *Lincolnshire* (als wichtiger Korridor *Ostangeln - Northumbria*) bereits zu jenem Zeitpunkt unter

---

66 Scandinavian Britain, 1908

skandinavischer Kontrolle (wenn nicht Hoheit) gewesen sein. Nach einer Tradition war Ivar Gründervater von *Lincoln*[67], und es existier(t)en in *Lincolnshire* mehrere Ortsnamen, die auf ihn hinweisen: *Ingarsby* (heute wüst), *Hunger Hill* sowie *Hungerton*[68].

Der in *Lincolnshire* ansässige Geschichtsschreiber *Geffrei Gaimar* hat noch einige interessante Ergänzungen: „*Die Wikinger machten unter dem Volk von Northumbria eine Musterung und benachrichtigten die Leute von Mercia, sie sollten kommen und sich der dänischen Armee anschließen. Diese schlossen sich zusammen mit den Northumbriern den Dänen an und zogen bis nach Thetford.*"

Was haben wir denn da? Kontingente aus *Mercia* und *Northumbria* machten mit beim Einmarsch in *Ostangeln*? Im Falle von *Northumbria* ist das weniger erstaunlich, da es seit über zwei Jahren wikingisch dominiert war – aber *Mercia*, dessen König im Vorjahr den Nachbarn *Wessex* um Hilfe angerufen hatte, als es ihm selbst an den Thron ging? Wahrscheinlich beziehen sich *Gaimars* Angaben auf prowikingische Parteigänger in *Mercia*, die sich am *Ostangeln*-Unternehmen beteiligten.

Andere Quellen veranschaulichen, dass der Vormarsch gegen *Ostangeln* mit Flotte und Reiterei kombiniert durchgeführt wurde (wie 866 der Vorstoß nach *Northumbria*). Laut lokalen Traditionen leitete Hubba die

---

67 *Suhm*, Geschichte der Dänen, 1804
68 Hunger als eine Form von Hinguar

Landstreitmacht von 10.000 Mann! Das stützt *Simeons* Angabe von einer enormen Heeresverstärkung, wenn auch die Zahl wohl zu hoch gegriffen ist. Der sog. *Pseudo-Ingulph*, eine Quellenfälschung (wohl des späteren Mittelalters), beschreibt, dass der Landstreitmacht erbitterter Widerstand entgegenschlug, organisiert von angelsächsischen Milizen bei ihrem Einmarsch nach *Norfolk*. Nicht undenkbar, da man, das Schicksal von *Northumbria* vor Augen, nun klar begriff, dass das kein harmloser Besuch mehr war.

Das damalige ostanglische Zentrum *Thetford* scheint jedenfalls (von der Flottenabteilung?) zügig besetzt worden zu sein. Darin nistete man sich ein, wie zuvor in *Nottingham* und *York*. Ebenso vergeblich wie König Osbert, Aella, Burgred und Aethelred versuchte König Edmund die Eindringlinge rauszuhauen. Auf seiner Flucht vom Schlachtfeld verfolgte ihn einer Sage zufolge Hubba mit den Reitern und *„entdeckte ihn bei Hoxne, wo er sich unter einer Brücke verschanzt hatte und von den sich im Wasser spiegelnden goldenen Sporen verraten wurde.“*[69] Die Fluchtrichtung des Königs zielte südwärts – zweifellos hoffte er im benachbarten *Essex* Unterstützung zu finden.

Ende des 10. Jahrhunderts verfasste der gerade in England weilende fränkische Gelehrte *Abbo von Fleury* „Das Martyrium des Heiligen Edmund“. Eingeleitet hat er seine Abhandlung mit dem *statement*: *„Vom Norden kommt alles Übel“* - nämlich aus Skandinavien! Man muss hierbei

---

69 L.A. Hunt: The Capital..., 1870

beachten, dass das Thema Wikinger zu der Zeit, als *Abbo* schrieb, aktuellste politische Brisanz hatte – da nämlich ab 980 England von einer neuerlichen Welle Wikingerüberfälle heimgesucht wurde. Diesmal waren es u.a. Gefolgsleute des dänischen Königssohnes Sven Gabelbart, die im Zuge von Nachfolgestreitigkeiten auf Plünderzug gingen und massig Danegeld eintrieben.

Angesichts solch neuer Wikinger-Plage musste an das „dänische Übel" 100 Jahre zuvor erinnert werden, dem Märtyrer Edmund zum Opfer fiel: Sogleich wird die gefährliche Verschlagenheit von Wikinger-Chef Ingwar herausgestellt, der agierte *„wie ein Wolf, der sich üblicherweise abends in die Niederungen schleicht"* sowie versuchte, *„in seinem wahnsinnigen Ehrgeiz sich dem Allmächtigen gleichzustellen!... Und aus reiner Liebe zu Grausamkeit Befehl gegeben hatte, Unschuldige zu massakrieren. Das Monster der Ungläubigkeit"* hatte es laut *Abbo* unternommen, bei seinem Eintreffen in *Ostangeln* sämtliche wehrfähigen Männer abzuschlachten, damit König Edmund erst gar kein Heer aufstellen konnte! Denn *„es war gängige Praxis beim dänischen Volk, das stets eine Diebeskarriere verfolgte, niemals einen offenen und fairen Kampf mit seinen Feinden zu riskieren."*

Bislang hatte das Große Heer niemanden zur offenen Feldschlacht herausgefordert, sondern sich immer angreifen lassen, wie in *York* und nun offenbar auch hier in *Ostangeln*. Selbst Biograf König Alfreds *Asser* bezeugt: *„Edmund kämpfte überaus grimmig (!) gegen diese Armee..., dennoch blieben* *er und die meisten Männer auf dem Schlachtfeld.*" Asser erkennt den Mut des Königs im Kampf gegen die Heiden lapidar an, und sicher hätte er wärmere Worte gefunden, wenn der Gefallene dem Hof von *Wessex* angehört hätte...

Ähnlich einsilbig der Westsachse *Aethelweard: „König Edmund entschloss sich zum Krieg gegen sie.*" In *Abbos* Martyrium kämpft Edmund gar nicht, weil der böse Ingwar ihm schon vorher alle Männer wegschlachtet, so dass keiner mehr da ist, den König zu schützen. Da Edmund nachmals als Heiliger verehrt wurde, wollte der Autor seinen Helden natürlich richtig in die Opferrolle stecken und betrieb kräftige Schwarz-Weiß-Malerei, wie eben so typisch für die Hagiografie.

Deshalb enthält seine Story auch einige logische Fehler, die wir uns mal näher anschauen wollen. Laut *Abbo* hatte es Ivar von vornherein darauf abgesehen, den völlig arglosen König zu fangen und zu foltern. Um zum Schein zu verhandeln, schickt er einen Boten zu ihm nach Hause. Dieser Bote eröffnet König Edmund vollmundig:

„Mein erhabener Herr und unbesiegbarer Herrscher Ingwar, der Schrecken zu Lande und zu Wasser, der sich mit Waffengewalt verschiedene Länder unterworfen hat, ist mit einer großen Flotte an den hübschen Gestaden dieses Territoriums gelandet, um hier sein Winterlager aufzuschlagen, und befiehlt dir, mit ihm deinen alten Besitz sowie deinen ererbten Reichtum zu teilen und künftig unter ihm zu herrschen. Wenn du aber seine durch zahllose Gefechte gestärkte Macht verachtest, wird es dir zum Nachteil

gereichen, da du für unwürdig gehalten wirst, zu leben oder zu regieren. Und wer bist du eigentlich, dass du dich erdreistest, einer so großen Macht Widerstand zu leisten? Die Stürme und das Meeresbrausen fördern den Zweck unserer Flotten; und sie vermögen es nicht, Männer von der Erfüllung ihrer festen Absichten abzubringen, die dank der Gunst der Elemente niemals Schaden durch den gräßlichen Donner des Himmels oder unablässige Blitze erlitten haben. Unterwirf dich daher mit deinem ganzen Volk diesem größten aller Monarchen, dem die Elemente gehorchen, da er in seiner großen Güte bei allem, was er in die Hand nimmt, bereit ist, die Demütigen zu schonen, während er die Stolzen überwältigt."

Man könnte meinen, der Gesandte sei von Julius Caesar zum aufmüpfigen Vercingetorix geschickt worden! Ist die Wahl der Vokabel „erhaben" (lateinisch = *augustus*) wirklich zufällig? Denn das war ja nun der Titel der römischen Caesaren. Wahrscheinlich aber spielte *Abbo* hier auf den sogenannten Cäsaren<u>wahn</u> an, der so manchen Imperator befallen hatte. Der Franke geht sogar noch weiter, indem er Ivars Größenwahn mit den Achämeniden vergleicht: Das waren die Herrscher des persischen Großreichs, deren berühmtester Vertreter König Darios Alexander dem Großen unterlag! Seekönig Ivar hätte ein solcher Vergleich womöglich geschmeichelt...

In der Tat dient der ganze Aufputz dazu, Barbarenchef Ivar als maßlos machtgierig darzustellen. Außerdem soll König Edmund davon eingeschüchtert werden – was natürlich nicht passiert. Immerhin berät er sich zunächst mal mit einem ihm vertrauten Bischof. Dieser rät ihm dringlich, auf das konziliante Angebot einzugehen (also mit Heide Ivar sich die Herrschaft brüderlich zu teilen). Für einen inbrünstigen Christen wie Edmund ist das freilich keine Option:

„Bloß unter dem Vorwand seines guten Willens breitet mein listiger (!) Feind nun die Maschen seiner Intrigen aus, mit denen er den Diener Christi einlullen will." Und daher redet Edmund mit Ivars Parlamentär Klartext: *„So, wie du nach dem Blut meiner Landsleute stinkst, hättest du durchaus den Tod verdient; aber – um offen zu sein - , möchte ich dem Beispiel meines Herrn Christus folgen und davon absehen, meine reinen Hände zu beflecken... Kehre daher so schnell wie möglich zu deinem Herrn zurück und richte ihm aus: 'Sohn des Teufels, trefflich ahmst du deinen Vater nach, der aufgrund seines geschwollenen Stolzes vom Himmel stürzte... Du, sein höchster Gefolgsmann, hast keine Macht, meine Brust in Schrecken zu versetzen, noch sollst du mich mit Schlingen und Spitzfindigkeiten täuschen'..."*

Diese klare Ansprache verfehlte ihre Wirkung natürlich nicht bei einem so größenwahnsinnigen Herrscher: Unmittelbar nach diesem Treffen wird Edmund geschnappt, an einen Baum gebunden und wie der Heilige Sebastian mit Pfeilen durchsiebt, anschließend noch geköpft! Hat Edmund sein Schicksal nicht selbst heraufbeschworen? Sein Bischof, in Erwartung dessen, was da drohte, hatte noch auf ihn eingeredet. In einer anständigen Heiligenvita weicht nun einmal das Opfer seinem Martyrium nicht aus, sondern geht schnurstracks darauf zu. Und der Feind ist selbstverständlich das Ebenbild des Teufels!

König Edmund wurde nach seiner Niederlage gegen die Invasoren im Winter 869 offenbar hingerichtet. Die weitschweifig ausgestaltete Episode mit dem Unterhändler an König Edmunds Hof legt allerdings nahe, dass Ivar es auch hier zunächst mit Diplomatie versucht hatte (wie er sich in *Mercia* mit Diplomatie aus der Affäre zu ziehen wusste). Bei all ihren bisherigen Unternehmungen in England hatten die Teilnehmer des Großen Heeres es vermieden, bewaffnete Konflikte zu provozieren. Ivars Angebot an König Edmund, mit ihm die Herrschaft zu teilen, wäre doch sinnlos gewesen, wenn die Wikinger eh schon mit Handschellen vor seiner Haustür gestanden hätten. Wozu also solche Spielchen? Eher war es so abgelaufen, dass Ivar kurz nach Bezug seines Winterlagers auf ostanglischem Boden Gesandte zum König schickte, um ihm ein – seiner Ansicht nach – faires Angebot zu machen: Den Thron zu behalten, wenn er ihn als Top-Dog anerkannte. So war man auch in *Northumbrien* verfahren, indem man einen „Unterkönig" aus einheimischem Geschlecht einsetzte.

Da *Ostangeln* dem ersten Einmarsch der Wikinger 865 keine Steine in den Weg gelegt hatte, mochte der Wikingergeneral darauf kalkulieren, dass er auch dieses Königreich mit möglichst geringem Aufwand „in die Tüte kriegte". Die Invasoren gedachten sich von einer umgänglichen Seite zu zeigen, wollten sie doch bleiben – als

Landnehmer und Handeltreibende. Was hätte es gebracht, blindwütigen Terror zu verbreiten und damit ihre bisherigen Erfolge zu gefährden?

In Edmunds Ohren hingegen kam das Angebot als eine einzige Unverschämtheit an. Wie sämtliche angelsächsischen Monarchen stammte er aus einem altehrwürdigen Geschlecht – und sollte sich nun einem dahergelaufenen Heidenhäuptling unterwerfen? Darauf konnte es nur ein dezidiertes Nein geben! Und dieses Nein war verhängnisvoll – wovor sein Bischof denn auch gewarnt hatte.

Ivar seinerseits dürfte sich wenig geschmeichelt gefühlt haben, als „Sohn des Teufels" tituliert zu werden. Also hatten die Waffen das letzte Wort zu sprechen. Warum hatte Edmund (wie sein Amtskollege von *Mercia*) nicht um Hilfe aus *Wessex* ersucht? War er einfach zu stolz dazu oder das Verhältnis zu *Wessex* momentan gespannt? Edmund und seine Streitmacht allein hatten dem Eindringling nichts entgegenzusetzen, und wenn Wikinger erstmal gereizt waren, eskalierten die Dinge sehr schnell. Es waren diese Ereignisse, die Ivar in der Überlieferung klerikaler Schreiber die Bezeichnung „crudelissimus" (der Grausamste) einbringen sollten.

Hochmittelalterliche Chroniken wie etwa *Pseudo-Ingulph* schwelgen in massenhaften Brandschatzungen ostanglischer Abteien. Solche sind aber bislang ebenso wenig archäologisch nachweisbar wie das angebliche

Lindisfarne-"Massaker" (793). Davon abgesehen: Seit Ende des 10. Jahrhunderts war *Ostangeln* neuerlichen Wikingerangriffen ausgesetzt und wurde dann noch von Sven Gabelbarts Truppen plattgewalzt, die den prosperierenden anglo-dänischen Handelsplatz *Thetford* gleich zweimal brandschatzten! Und Ende des 11. Jahrhunderts plünderte der englische Freiheitskämpfer Hereward *Peterborough* (nachdem es angeblich von Ivars Wikingern bereits dem Erdboden gleich gemacht worden war). Dennoch blieb die wikingische Invasion von 869 ein besonderes Trauma, weil *Ostangelns* letzter unabhängiger König ihr zum Opfer gefallen war und damit eine Epoche endete...

Ein archäologisches Zeugnis für diese Ereignisse präsentiert sich im „Hingham-Schatz", bestehend u.a. aus über 20 Münzen des ostanglischen Königs Edmund. Hier hatte wohl ein Einwohner rasch sein Vermögen vor den erobernden Wikingern verbuddelt...

Selbstverständlich kannte der nordische Sagenkreis um Ragnar Lodbrok und seine Söhne das Edmund-Martyrium. Schon im 10. Jahrhundert „blühte" nämlich (angeblich) in England der Edmund-Kult, bis er durch *Abbos* literarische Ausgestaltung (um 990) einen Höhepunkt erlebte - zu einer Zeit, wo anti-dänische Propaganda dringend angesagt war. Das gibt zu denken. Kein Zeitzeuge der wikingischen Invasion im 9. Jahrhundert betrachtete die Lage so überspitzt wie *Abbo*, dass die Invasoren „*das gesamte britische Gebiet der Vernichtung preisgeben wollten.*" Hagiografie lebte nun mal von Übertreibungen und stereotypen Szenen: Im Ende des 11. Jahrhunderts, exakt 100 Jahre nach *Abbos* „Martyrium" verfassten (!) Martyrium des Bischofs von Canterbury Aelfhea sind es auch wieder zwei extrem fiese wikingische Piratenführer, *„denen das ganze Land ausgeliefert war."* Einer von denen war Sven Gabelbart, Vater Knuts des Großen. Und da sich der Heilige Edmund nun nicht mehr an dem bösen Ivar rächen konnte, so tat er es wenigstens an dem ebenso bösen Sven, den er mit seinem Geist tötete (passenderweise kurz nach Svens Krönung zum englischen König, wobei St. Edmunds rächende Hand eine Umschreibung für einen Giftmord sein könnte...).

Verglichen damit ist das, was aus der Feder eines gewissen *Thomas Elmham* in Canterbury im 15. Jahrhundert floss, eine eher schräge Phantasy-Story: Derzufolge vermählte sich Edmund mit der Tochter des Dänenkönigs. Aus erster Ehe hatte diese allerdings zwei Söhne, nämlich die beiden uns wohlbekannten Schwerenöter Ivar und Ubbe! Das allein wäre nicht das Problem gewesen, wären diese nicht einer Liaison mit einem – Bären entsprungen! Mit eben diesem Bären-Geliebten erwischt Edmund eines Tages seine Angetraute in flagranti, erschlägt den Bären und verstößt sein Weib. Als diese ihre erwachsenen Söhne aufklärt, besteigen die ruckzuck ihre Drachenschiffe, um Rache zu nehmen an Vatermörder Edmund!

Erbaulich – aber durchaus auch aufschlussreich. Gewisse Elitekrieger hießen bei den Nordmannen: *berserkar*, Bärenhäute. Sie waren wild und stark wie Bären. Daher also der bärige Vater für Ivar und Ubbe. Insbesondere Letzterer erscheint in der Überlieferung als bärenstark: Während Ivar der Erste war in puncto Schläue, war es Bruder Ubbe in puncto Kraft! Man hätte meinen können, Mr. *Elmham* hätte eine Parodie auf den Heiligen Edmund geschrieben (was ja wenig pietätvoll gewesen wäre) – denn immerhin verschafft er Ivar und Ubbe ein handfestes Motiv für ihre Tat. Vielleicht aber lag *Elmham* eine Tradition vor, möglicherweise von ostanglischen Dänen gepflegt, die Ivar und Ubba ein wenig in Schutz nahm vor dem einseitigen „Killer-Image".

Eventuell kannte *Elmham* jene Saga-Überlieferung, die im 13. Jh. die schwedischen „Annalen von Lund" aufgeschnappt hatten: Vor einer Schlacht trafen die Lodbrok-Brüder Ivar in seinem Zelt *„in der Form eines weißen Bären an, der auf dem Boden hin und her lief und dabei mit den Klauen in der Erde kratzte. In Erscheinung und Verhalten glich er einem wilden Tier. Er hatte sowohl seine Form als auch seine Natur verwandelt."* Gestaltwandlung war eigentlich ein Privileg der Götter oder „Hexer". Für sein Gefolge schien Ivar übernatürliche Kräfte zu besitzen – Vorstellungen, die offenbar sogar in die Edmund-Legende mit hineinspielten.

Saxo Grammaticus spricht seinen Helden Ivar frei von Schuld an Edmunds Martyrium, das er einfach dessen Brüdern unterschiebt. Umso peinlicher war der „Fall Edmund" den wikingischen Nachfahren Islands: Es gab dort nämlich Familien, die sich genealogisch mit diesem ostanglischen König verbinden wollten. Sicher hängt das damit zusammen, dass man Edmunds royale Vorfahren auf die Wulfinge zurückführte – ein Königsgeschlecht aus Skandinavien. Wohl nicht zufällig taucht daher das „Totemtier" jener Familie, ein Wolf, in der Edmund-Legende auf (als Wächter von Edmunds abgeschlagenem Haupt). Somit leben auch in der Heiligenlegende uralte heidnische Aspekte fort.

Die Verbreitung des Edmund-Kultes (offenbar bald nach den Ereignissen) schien stark politisch motiviert. War er ein Mittel, die heidnischen Neusiedler *Ostangelns*, die man ja nun nicht mehr loswerden konnte, zu „domestizieren"? Nicht nur der Umlauf von „Edmund-Gedenkmünzen" im 10. Jahrhundert verrät, dass *Ostangelns* Dänen den Kult emsig mitförderten. Manche suchten die wilde Vergangenheit rasch abzustreifen – wie z. B. jener Oda, Sohn eines ostanglischen Veteranen, der sich einer steilen kirchlichen Karriere widmete.[70] Immerhin war Ostangelns erster Dänenkönig Guthrum bereits getauft.[71] Erstaunlich viele in *Ostangeln* gefundene Thorshammer-Amulette könnten darauf hinweisen, dass man dort, im Angesicht des allgegenwärtigen Märtyrers Edmund, sein Heidentum „von sich warf". Allerdings bezeugt *Thomas Elmhams* skurrile Version der Legende, dass gewisse Kreise dennoch an alten Traditionen festhielten sowie am Andenken an die „Lodbrok-Söhne".

---

70 Dazu Kapitel „Die skandinavische Landnahme"
71 Kapitel „Der lange Kampf gegen Wessex"

Rückkehr nach Dublin

„Und so wurde Ostangeln unter die Vorherrschaft der Dänen gebracht. Ingwar kehrte zu seinem Bruder Hubbe nach Northumbria zurück. Über Ostangeln herrschte unmittelbar nach Edmund ein gewisser Däne namens Guthrum.“ So informiert eine Chronik aus dem 13. Jahrhundert, verfasst von *John of Brompton.*

Besagter Guthrum sollte im weiteren Verlauf der Aktivitäten des Großen Heeres noch eine bedeutende Rolle spielen. Münzfunde klären allerdings darüber auf, dass nach Edmunds Tod zwei „Satellitenkönige“ (aus seinem Geschlecht?) eingesetzt wurden, Oswald und Ethelred. Somit hätten die Wikinger hier dieselbe Politik verfolgt wie in *York* und nachmals in *Mercia*. Guthrum wurde erst nach 878 König von *Ostangeln*.

In der folgenden Saison 870/71 hatte das Große Heer der Angelsächsischen Chronik zufolge einen neuen Oberbefehlshaber: Halfdan, der wohl von Anbeginn mit zum Generalstab gehört hatte. Er wird als Bruder Ivars angegeben. Der nordische Sagenkreis kennt ihn merkwürdigerweise gar nicht[72]. Was aber war mit Ivar? Da er für 870/71 wieder in den irischen Annalen auftauchte, hatte er das Große Heer zu diesem Zeitpunkt also verlassen. Erstaunlich, wo doch alles recht gut lief.

---

72 Dazu Kapitel „Der lange Kampf gegen Wessex“

Hatte sich Ivar mit den anderen Befehlshabern eventuell überworfen? Gab es Auseinandersetzungen hinsichtlich der Strategie? Hatte es gar mit der Hinrichtung König Edmunds zu tun? Oder war Ivar einfach wegen Dringlichkeiten in Irland abberufen worden? Letzteres gab den Ausschlag. Ivar hatte ja immerhin seinen Platz im wikingischen *Dublin* – und dorthin kehrte er nachweislich zurück. Er agierte auch wieder gemeinsam mit Olaf dem Weißen. Man kann also annehmen, dass Ivar, als er sich dazu bereiterklärte, die Führung des Großen Heeres zu übernehmen, von vornherein die Teilnahme nur für eine begrenzte Zeit zugesagt hatte. Fünf Jahre war er dabei gewesen. Zwischenbilanz: Zwei angelsächsische Königreiche für die Besiedlung gesichert, die Angliederung eines dritten, *Mercia*, vorbereitet. Ivar mochte zu seinen Brüdern und Unterfeldherrn bei seinem Abschied gesagt haben: „Den Rest schafft ihr alleine."

Tja – er konnte nicht ahnen, dass 871 mit Alfred dem künftig Großen in *Wessex* ein Herrscher den Thron bestieg, der ebenfalls exzellentes strategisches Geschick besaß! Aber auch für Alfred war es eine günstige Fügung des Schicksals, dass er es weiterhin nicht mit einem Ivar zu tun hatte. Dennoch sollte ihm das Große Heer sieben Jahre lang zu schaffen machen...

Ein simpler Grund für Ivar, in absehbarer Zeit nach *Dublin* zurückzukehren, war: Er hatte dort Familie. Zwar gab es Wikingerführer, die ihre Familien auf Raubzügen mitnahmen – wie etwa Jarl Hastein, der zwei Jahrzehnte nach Ivar nochmal ein Heer durch England führen sollte, und dessen Familie ihn dabei begleitete. Hastein war aber auf der Suche nach einem festen Wohnsitz, während Ivar diesen hatte, nämlich in *Dublin*. Er musste seinen Anhang daher nicht in England mit herumschleppen (außer er hätte bereits erwachsene Söhne gehabt).

Daraus folgt: Ivar überließ es seinen Brüdern und Unterführern, die bereits eroberten Gebiete in England untereinander aufzuteilen. So, wie es aussah, erhielt Ubbe *Northumbria* und Halfdan die Aufgabe, die restliche Eroberung zu leiten. Mit dem Weiterverlauf der Feldzüge sowie seinen Resultaten werden wir uns später befassen. Zunächst einmal verfolgen wir Ivars weiteren Werdegang.

Der Geschichtsschreiber *Roger von Wendover* beschreibt ausschweifend Plünderung und Brandschatzung des Klosters *Coldingham* (an Schottlands Südostküste) durch die 870 nordwärts ziehenden Barbaren unter Hingwar und Hubba. Ehe sie dort anlangten, sollen die Nonnen sich ihre Gesichter vorsorglich verstümmelt haben, um der Schande zu entgehen, Heidenkriegern zur Kurzweil zu dienen. Was sie allerdings nicht davor bewahrte, allesamt dem Zorn der Wikinger zum Opfer zu fallen.

Erstens: Es lag nahe, alle möglichen Martyrien der Verantwortung Ivars zuzuschreiben, nachdem jener König Edmund zum Märtyrer gemacht hatte. Zweitens: Hubba begleitete Ivar nicht nach Norden, sondern blieb wohl in *York* zurück oder beim Großen Heer. Drittens:

Wahrscheinlich zog Ivar auf dem (kürzeren) Landweg nach Norden, da sein Ziel die schottische Westküste war – Kloster *Coldingham* lag also nicht so recht auf seiner Strecke. Um 875 fuhr aber sein Bruder Halfdan entlang der Ostküste nach Norden, und die Brandschatzung von *Coldingham* könnte (!) bei dieser Gelegenheit erfolgt sein.

Anstatt sich mit der Jagd auf Nonnen aufzuhalten, eilte Ivar zu seinem nächsten wichtigen „Projekt": Nämlich der Vereinigung mit seinem alten Herrscherkollegen Olaf dem Weißen am *Clyde*. Letzterer war bereits in den Jahren zuvor daran gegangen, parallel zu Ivars Aktionen wikingischen Einfluss an Schottlands Westküste auszubauen. Er konnte nun Ivars Unterstützung gut brauchen, da ein „dicker Brocken" zu bewältigen war: Nämlich die Belagerung einer britonischen Feste auf dem imposanten *Dumbarton Rock*.

Alt Clud – das war ein seit dem 6. Jahrhundert in der *Clyde*-Region (nahe dem heutigen *Glasgow*) ansässiges britonisches Königreich, das im Laufe der Zeit zu einer bedeutsamen regionalen Machtstellung gelangt war, auch aufgrund seiner strategisch dominanten Lage an der Wasserstraße des *Clyde*. Für die wikingische Expansion ein „Stolperstein", der entfernt werden musste.

Auf dem Felsen fühlte man sich vor den zusammengeströmten Nordleuten sicher. Also *„belagerte der König der Nordmänner Strathclyde (= Alt Clud) in Britain, und die Belagerung zog sich vier Monate hin. Nachdem sie die Leute in der Festung mit Hunger und Durst zermürbt hatten, indem sie* *auf wunderbare Weise den darin befindlichen Brunnen abgezapft hatten, stürmten sie letztendlich die Festung über ihnen. Zunächst räumten sie sämtliche darin befindlichen Reichtümer aus; danach wurde eine große Menge Gefangene fortgeschleppt.“* So weit der Bericht der „Fragmentarischen Annalen von Irland.“ Und es besteht kein Zweifel, dass dieses spektakuläre Event die Vorlage für Ivars Belagerung von *Vifilsborg* in „Ragnars Saga“ bildet!

Archäologische Untersuchungen auf dem Felsen förderten Brandspuren zutage, die der Erstürmung der holzgebauten Festung von 870 zugewiesen werden können. *Alt Clud* ging jedoch nicht unter, sondern lebte unter dem Namen *„kingdom of Strathclyde“* weiter. Während die Festung auf dem Felsen von *Dumbarton* nicht wieder aufgebaut wurde, gründete man ein Stück weiter den Fluss *Clyde* aufwärts eine neue Existenz – sehr wahrscheinlich unter wikingischer Oberhoheit, da laut archäologischen Zeugnissen bald auch eine skandinavische Besiedlung der Region stattfand.

Strathclydes erster, von den Wikingern abgesegneter König Artgal wurde bereits um 872 durch eine Intrige seines eigenen Sohnes im Verein mit dessen Schwiegervater, Schottenkönig Constantine, ermordet. Wohl daher brach Olaf um diese Zeit zu einem Feldzug gegen die Schotten auf, der ihn das Leben kosten sollte. *Strathclyde* befand sich also im Spannungsfeld zwischen Wikingern und künftigem Schottland.

Zunächst aber waren Olaf und Ivar 871 mit einer Flotte von 200 Schiffen sowie einer großen Menge für den Sklavenmarkt bestimmter Gefangener triumphal nach *Dublin* zurückgekehrt, was in Irland solches Aufsehen erregte, dass es in den Annalen eigens vermerkt wurde.

Kurz nach seiner Ankunft war der unermüdliche Ivar offenbar bereits wieder rührig: Gemeinsam mit Olafs noch lebendem Sohn Oistin startete er eine „Irlandrundreise", allerdings nach wikingischem Zuschnitt: Es wurde ordentlich geplündert und eine weitere starke Festung, nämlich *Dunseverick*, gelegen auf einer schroffen Halbinsel an der Nordküste, erobert! Ein klarer Schlag gegen den Hochkönig, der seinerseits die lange Abwesenheit der Dubliner Herrscher ausgenutzt hatte zu Aggressionen gegen die wikingischen Häfen. Bei diesen Kämpfen war wenige Jahre zuvor ein Sohn Olafs getötet worden – sein Bruder Oistin brannte zweifellos auf Rache.

Nach wie vor besaßen die Dubliner Könige diverse irische Verbündete: Angeblich hatte eine Tochter König Cerballs Olafs Sohn Oistin geehelicht. Olaf selbst hatte die Tochter eines anderen irischen Fürsten zur Frau. Trotzdem schwankten die politischen Verhältnisse ständig, und mit dem mächtigen Hochkönig als Gegner blieb es ein schwerer Stand für die Dubliner.

Dann der Schock: Für das Jahr 873 vermelden verschiedene irische und sogar schottische Annalen Ivars Tod, nur zwei Jahre nach seiner Rückkehr aus England. War er, ganz wikingeruntypisch, „den Strohtod gestorben", im Gegensatz zu den meisten seiner Brüder, die als Kämpfer gefallen waren? Den Sagas zufolge etwas eigentlich nicht Erstrebenswertes, da einem so der heroische Einzug nach Walhall, ins Paradies der tapferen Recken, verwehrt blieb!

Es könnte auch anders gewesen sein. Die „Fragmentarischen Annalen" mit ihrer Vorliebe für Abschweifungen erzählen von einem Wikingerzug unter zwei Führern Barid[73] und Haimar in das irische Reich *Connaught*. Dabei hätten sich zwei irische Attentäter unter die Nordleute gemischt und Haimar getötet, wobei der andere Anführer Barid knapp davonkam. Da Haimar eine Verschreibung von Iomhar (der irischen Form von Ivar) sein könnte und Ivars „Irlandrundreise" um 871 auch die Region *Connaught* betraf, wurde Ivar bei diesem Anschlag vielleicht nicht getötet, jedoch schwer verletzt, so dass er an den Spätfolgen gestorben sein könnte. Bei seiner möglichen Gehbehinderung wäre es erklärlich, warum er dem Attentat nicht entging wie Barid. Zu einer weiteren Theorie bezüglich seines überraschenden Ablebens später mehr[74].

Immerhin ehrten die irischen Annalen ihn als „*König aller Skandinavier in Irland und Britannien*". Er, der jahrelang als die Nummer 2 im Schatten König Olafs regiert hatte, besaß nunmehr einen Titel, wie ihn kaum ein Wikinger sich bislang erstritten hatte. Während die Sagas ihn zum König über ganz England erhoben, hatte sich Ivar selbst solches

---

73 Zu Barid mehr in Kapitel „Ivars Erben"
74 Kapitel „Ivars Erben"

nicht angemaßt, sondern sich „nur" König über seine dort lebenden Landsleute genannt – die englische Eroberung war ja, an seinem Lebensende, noch nicht absehbar abgeschlossen. Dennoch drückte sein Selbstverständnis aus, was er mit aufgebaut hatte: Eine Brücke zwischen den wikingischen Hoheitsgebieten in Irland und den neu erworbenen in England. Wenngleich bis zum letzten Atemzug ein Wikinger von Kopf bis Fuß, besaß er am Lebensende einen Thron für sich, eine feste Residenz – kein Lehen in Abhängigkeit von einem anderen Herrscher.

Ich denke, dass sein ganzer Werdegang, so weit er sich durch historische Zeugnisse verfolgen läßt, bestätigt, dass Ivar unter körperlichen Einschränkungen litt: Er erscheint als „Kopf" hinter vielen Ereignissen, als Planer, Organisator mit weitgesteckten Zielen, dabei voll kühler Vernunft. In diesem Sinne war er tatsächlich ein atypischer Wikinger. Er hat die Möglichkeiten, die ihm sein Leben bot, voll ausgeschöpft. In einer Gesellschaft, in der bracchiale Körperkraft und Fitness außerordentlich viel zählten, hatte er sich mit Scharfsinn, strategischem Genius und diplomatischen Geschick Anerkennung und Respekt erworben.

„Old Ivar der Große mit seiner Urteilskraft" - so nannten ihn seine irischen Nachfahren. Passt hierzu nicht, was „Ragnars Saga" statuiert: „Er schien voll so großer Weisheit, dass jedermann ihn um Rat fragte in kniffligen Angelegenheiten, und er legte alle Misshelligkeiten in solcher Weise bei, dass jede Partei dachte, sie käme dabei am besten weg." Das hört sich fast nach großem juristischem Talent an. Offenbar war Ivar im zivilen Leben ein findiger Streitschlichter.

War es mithin, in Olafs Gefolge, seine Aufgabe, u.a. als „Rechtsberater" zu wirken? Wer in diesen Dingen kompetent sowie talentiert war und auch noch gediegener Herkunft, konnte das „Amt" eines *Lagmann* (= „Gesetzmann") übernehmen. Dass Ivar Dinge gern auf diplomatischem Wege regelte, hatten wir schon gesehen; und vielleicht klappte die Zusammenarbeit mit seinem Kollegen Olaf deshalb so gut, weil Ivar sich auf gewisse Bereiche spezialisiert hatte, die Olaf ihm gerne überließ. Auch dazu möglicherweise ein Hinweis in „Ragnars Saga": *„König Aella bekam von ihm viel Hilfe beim Regieren des Landes, so dass der König ihn viele seiner Angelegenheiten und Fälle regeln ließ und sich nicht selber mit ihnen abgeben musste."* Man ersetze hier nur König Aella durch Olaf!

Das wäre in der Tat ein passender Bereich gewesen für einen Menschen, der möglicherweise an der „Glasknochenkrankheit" litt. Ivar wäre somit ein gutes Beispiel dafür, dass Inklusion von Körperbehinderten durchaus funktionierte in einer so handfesten Gesellschaft wie der der Wikinger. Waren nicht auch einige ihrer Götter körperlich eingeschränkt - wie etwa der einäugige Odin, der dafür ebenfalls mit Weisheit brillierte; oder der einhändige Gott Tyr, hochgeachteter Rechtsberater unter den Göttern? Also befand man sich sozusagen in bester Gesellschaft, sofern man etwas hatte, womit man eine Behinderung kompensieren konnte. Die Sagas bezeugen, dass Ivar seine Stärken bereits in der Kindheit entdeckte, als Mentor seiner jüngeren Brüder, die sich ihrerseits um ihn kümmerten und ihn überall hin trugen.

Möglicherweise – dies ist jedoch spekulativ – hatte Ivar neben seinen „juristischen" auch religiöse Aufgaben übernommen. Priesterliche Funktionen und Königtum gehörten ursprünglich ja zusammen, und unter den isländischen Kolonisten waren die Häuptlinge zugleich auch *godhis*, also Priester. Spirituelle und weltliche Macht lag somit in einer Hand. Das war nicht nur bei den Skandinaviern so, sondern auch bei den antiken Völkern oder etwa den nordamerikanischen Indianern, Inka, Azteken und Maya. *„Wir wissen nicht, ob der König von Dublin und Godhi ein und dieselbe Person waren."*, sagt *Mogens H. Hansen*. Es wäre also denkbar, dass Ivar als Kollege von König Olaf die sakralen (sowie juristischen) Aufgaben betreute. Ein Indiz dafür könnte sein, dass er von christlichen Autoren „paganissimus" genannt wurde: Also ein „eingefleischter Heide"! Ein weiterer Hinweis vielleicht die ihm zugeschriebene „Weisheit". Dies würde auch die enorme Autorität erklären, die er als *commander-in-chief* des Großen Heeres genoss. Auch dort hätte er priesterliche Aufgaben übernommen, darunter rituelle Handlungen.

Wie anfangs bemerkt[75], hatte Ivar sich als junger Mann angeblich nahe einem bedeutenden Kultzentrum, nämlich in *Lejre* auf Seeland, niedergelassen. Vielleicht war er dort

---

75 Siehe Kapitel „Das Wikinger-Syndikat"

bei einem *godhi* in die Lehre gegangen. Seine körperlichen Einschränkungen hätten dem jedenfalls nicht entgegengestanden, und dieser Bereich hätte ihm ein weiteres Tätigkeitsfeld eröffnet, das ihm noch mehr Ansehen einbrachte. Priester lernten Runenkunde und Deuten von Orakeln. Gott Odin war ebenso ihr Patron wie der von erfolgreichen Heerführern.

„Ragnars Saga" schließt mit einer interessanten Erzählung: Ein dänischer Reisender namens Ogmund entdeckte auf der Insel *Samsö* ein uraltes hölzernes Götterstandbild im Dickicht, das ihm seine Geschichte erzählte, u.a.: *„Südwärts am Meer wurde ich von den mit funkelnden Schwertern bewehrten Lodbrok-Söhnen aufgestellt. Sie brachten mir Opfer, nachdem sie Männer im südlichen Samsö bezwungen hatten. Dort, sagten sie, sollte ich bleiben"*. Dies ein weiterer Hinweis, wie lebendig der alte Glauben unter „den Lodbroks" samt Gefolge gehalten wurde. Da auf *Samsö* ein Odinskult belegt ist, dürfte die Bildsäule diesen Gott dargestellt haben.[76]

Somit wäre Ivar in der Tat ein überzeugter Heide gewesen. Dass er mit christlichen Partnern wie König Cerball gut auskam, muss dem nicht widersprechen. Bedenklich mochte es nur werden, wenn Christen eine intolerante bzw. vereinnahmende Haltung einnahmen (was sie ja oft taten). Möglicherweise hatte sich König Edmund tatsächlich im Ton vergriffen in Unterhandlungen mit Ivar und ihn in seiner Würde als feldherrliche und priesterliche Autorität

---

76 Dazu auch Kapitel „Das Wikinger-Syndikat"

verletzt, indem er forderte (laut *Abbo*), er solle seinen Götzen abschwören. Mancher Wikinger wie etwa Rollo von der Normandie tat sich damit nicht schwer – anders jedoch einer von konservativem Schlag. Gerade der wachsende Druck von Missionaren und Zwangstaufen hatte unter vielen Skandinaviern Gegendruck und eine stolze Rückbesinnung auf ihren Glauben hervorgerufen. Immerhin stammte Ivar aus königlichem Geblüt – d.h. seine königlichen Vorfahren hatten dereinst auch das Priesteramt verwaltet. Die Legenden um seine Mutter Kraka/Aslaug lassen darauf schließen, dass sie ihrerseits eine Art Schamanin, heilige Frau war. Kraka bedeutet übrigens „Krähe" – und das „Familienemblem" der Lodbrok-Sippe war ein Rabe (der Vogel Odins). Dazu später mehr.

Passen würde zu einer priesterlichen Würde ferner, dass Ivar sich niemals einer Familienintrige oder eines Sippenmordes schuldig machte. Erinnern wir uns: Bereits dazumal hatte er das Verhalten seines rebellischen Bruders Ubbe missbilligt. Dennoch war Ubbe später sein wichtigster Verbündeter im Großen Heer. König Olaf hingegen hatte einen nahen Verwandten, jenen Oisl, gemeuchelt, der sich ihm und Ivar in Dublin anschloss[77]. Der Mord war während Ivars Abwesenheit geschehen, und das war gewiss kein Zufall. Verwandtenmorde sollten sich unmittelbar nach Ivars Tod in und um *Dublin* wieder häufen.

---

77 Siehe dazu Kapitel „Olaf der Weiße"

Die Invasion Englands, Vierter Akt:

Der lange Kampf gegen Wessex

Werfen wir nun einen Blick auf den weiteren Verlauf der Aktionen des Großen Heeres in England, das wir mit Ivar im Jahr 870 verlassen hatten. Seine Abreise Richtung Nordbritannien hatte ja nicht das Ende des Projekts bedeutet. Es wird allgemein als ziemlich sicher angenommen, dass Ivar und sein Generalstab die Eroberung aller vier englischen Königreiche ins Auge gefasst hatten; somit blieb noch einiges übrig: Nämlich die Inbesitzname *Mercias* (Mittelenglands) abzuschließen sowie die von *Wessex* (Süd- und Südwestengland).

Den Oberbefehl führte nun Halfdan, während wohl Ubbe die Statthalterschaft von *Northumbria* übernommen hatte. Dass Ivar Ubbe für diese Regentschaft ausersehen hatte, wird außer von Quellenangaben durch Folgendes bestätigt: Ubbe erlangte in northumbrischer Tradition mehr Bekanntheit als seine Brüder. *Ostangeln* hingegen wurde offenbar von zwei einheimischen „Satellitenkönigen" (Aethelred und Oswald) zweifellos unter wikingischer Aufsicht regiert. Man kennt sie nur von Münzfunden.

Ein gewisser Jarl oder König Guthrum schloss sich mit bedeutenden Truppenverstärkungen Halfdan auf seinem *Wessex*-Feldzug an. Diese neue Verstärkung wurde „Sommerheer" genannt. Natürlich musste das nunmehr seit sechs Jahren in England ununterbrochen operierende Große Heer wieder einmal Nachschub erhalten. König Ivar war mit einem gewiss beträchtlichen Truppenanteil abgezogen, und weitere Kontingente beaufsichtigten die neu eroberten Gebiete. Ob der von Guthrum angeführte Nachschub vom europäischen Kontinent oder aus dem Mutterland Skandinavien kam, weiß man nicht. Wahrscheinlich war es auch ein gemischter Verband. Denn das „englische Großprojekt" mit dem Ziel, neuen Siedlungsraum zu ergattern, sprach sich herum in wikingischen Kreisen. Dergleichen schien aussichtsreicher als jahrelanges Räubern und Plündern auf dem Festland.

Wie bereits angekündigt, hatten sich in England gewisse politische Konstellationen mittlerweile geändert: In *Wessex* war ein neuer Herrscher auf den Thron gestiegen – Alfred der nachmals Große. Fast unmittelbar nach seiner Machtübernahme wurde er mit der großen Herausforderung der Wikingerangriffe konfrontiert! Während in den letzten fünf Jahren *Ostangeln*, *Northumbrien* und *Mercia* den „Schwarzen Peter" hatten, hatte sich *Wessex* weitestgehend zurücklehnen können. Es war nicht mal durch Wikingerangriffe an seine Südküste (wie vor 860 andauernd) behelligt worden. Offenbar trauten sich keine anderswo operierenden Wikingergruppen, England während der Operationsphase des „Großen Heeres" anzutasten. *Wessex* war Chefsache – und der neue Chef hieß Halfdan...

Es ging gleich in die Vollen: Insgesamt neun Gefechte

sollen 871 auf südenglischem Boden ausgetragen worden sein, mit wechselseitigem Erfolg. Dabei hatte das Große Heer die ersten bedeutenden Verluste zu verzeichnen – als eine große Anzahl von Befehlshabern fiel, darunter sogar zwei nicht näher bekannte Könige!

Möglicherweise durch König Alfreds hartnäckige Gegenwehr sowie durch Ivars Abwesenheit ermutigt, erhoben sich Teile *Northumbrias* kurz darauf zu einem Aufstand: Erzbischof Wulfhere von York sowie der „Satellitenkönig" wurden vorübergehend ins Exil getrieben. Die wichtigste Eroberung drohte wikingischer Kontrolle zu entgleiten! Somit war das Große Heer an mehreren Fronten beschäftigt. *Northumbria* konnte zurückgewonnen und *Mercia* 874 angegliedert werden, mitsamt dem wichtigen Zugang nach *London*, den sich Halfdan nachweislich durch eine hohe Tributforderung kampflos sicherte. Prowikingische Parteien übernahmen in *Mercia*, wie gehabt, die Verwaltung. Dann trat der Feldzug in eine neue Phase.

Das Große Heer wurde nämlich in zwei Teile „gesplittet": Mit der einen Hälfte zog Halfdan nordwärts. Veranlasst haben hierzu dürfte ihn die Nachricht vom Tod Ivars in *Dublin*. Dorthin zog er unverzüglich, wobei er unterwegs Unruhen in den nördlichsten Regionen *Northumbriens* sowie in Schottland niederschlug. Die instabile politische Lage bedrohte das, was wikingisches Engagement in den letzten Jahren aufgebaut hatte, zu zerstören. Daher Halfdans ausgedehnter Feldzug.

Nachfolger Ivars war in *Dublin* Olafs noch lebender Sohn Oistin (Eystein) geworden – derjenige, mit dem Ivar noch 871 seine „Irlandrundreise" gestartet hatte. Als Halfdan 875 schließlich in *Dublin* auftauchte, kam es zu einem fatalen Ereignis: „*Eystein, Sohn von Olaf, dem König der Nordleute, wurde heimtückisch von Halfdan umgebracht.*", melden die „Annalen von Ulster". Wollte Halfdan, im Gegensatz zur Politik Ivars, den Olaf-Nachkommen die Nachfolge über die Dubliner Königsherrschaft streitig machen? Angeblich von wikingischen sowie irischen Parteigängern Oistins wurde er aus *Dublin* kurzerhand verjagt. Halfdans Aktion hatte nun freilich einen Reigen blutiger Nachfolgekämpfe zwischen den Königsclans eröffnet, die unter Ivar und Olaf im Konsens regiert hatten.

Aus *Dublin* vertrieben kehrte Halfdan nach *Northumbrien* zurück, wo er fortfuhr, die bereits 875 eingeleitete Ansiedlung seiner Kämpfer zu organisieren. Auch das nordöstliche *Mercia* wurde besiedelt. Damit hatte die Geburtsstunde dänischer Besiedlung Englands geschlagen. Selbst die „Angelsächsische Chronik" staunte, wie schnell die Kämpfer ihre Waffen ablegten und als friedliche Bauern ihr Land bestellten. Zumindest in diesen Regionen beruhigten und konsolidierten die Verhältnisse sich.

Allerdings blieb Halfdan selbst nicht dort. Offenbar wollte er es noch einmal gegen die Dubliner aufnehmen. Seine northumbrischen Mannen scheinen ihm allerdings, Quellen zufolge, die Gefolgschaft verweigert zu haben. Nach über zehn Jahren Feldzug waren diese Veteranen nämlich kriegsmüde – außerdem besaß ein Großteil von ihnen Land, das Halfdan selbst ihnen zugeteilt hatte, und das sie nun kultivieren wollten. Was gingen sie die Verhältnisse in *Dublin* an? Angeblich blieben Halfdan schließlich nur drei Schiffe, mit denen er abreiste.

Solche Aufsässigkeit gegenüber dem Oberbefehl eines Heerkönigs erscheint bemerkenswert. Zum einen schien Halfdan nicht die Autorität zu genießen, die Ivar besessen hatte. Seine arglistige Ermordung von Olafs Sohn hatte sicher manchen in seinem Gefolge vor den Kopf gestoßen. Zudem waren es wohl einige Jarle, also adlige Unterbefehlshaber, die ihm ihre Dienste verweigert hatten. Diese Jarle sollten die dänischen Hoheitsgebiete künftig recht selbstbewusst verwalten.

Mit kleinem Gefolge zog Halfdan 877 dennoch abermals in die Irische See. An der nordirischen Küste fand seine letzte Expedition ein Ende: Von Gefolgsleuten des ermordeten Oistin gestellt fiel er im Seekampf. Diese Ereignisse wurden von verschiedenen irischen Quellen beachtet, und dabei wird Halfdan „*Ragnalls Sohn*" genannt – eine weitere Bestätigung dafür, dass Ivar und seine Brüder einen Ragnald zum Vater hatten!

Selbst bei *Saxo Grammaticus* haben sich Spuren dieses dramatischen Konflikts erhalten, auch wenn ihm ein Sohn Ragnars namens Halfdan scheinbar nicht bekannt war (stattdessen nennt er Thoras Sohn Agnar als Ivars unbeliebten Nachfolger in *Northumbrien*):

161

„Danach wollte Agnar Eiriks[78] Tod rächen, der durch Heimtücke eines gewissen Oistin umgekommen war. Während er aber engstirnig darauf bestand, einen anderen zu rächen, verschwendete er sein eigenes Blut an den Feind; und während er verbissen versuchte, die Ermordung seines Bruders zu rächen, weihte er sein eigenes Leben der Bruderliebe."

Könnte das bedeuten, dass Halfdan annahm, Olafs Sohn Oistin hätte Ivar ermorden lassen? Einer irischen Quelle zufolge war Ivar *„nach* plötzlicher, *schwerer Krankheit"* gestorben. Womöglich kursierte das Gerücht, Oistin habe (durch Gift?) da nachgeholfen. Obwohl Ivar und Oistin doch ein gutes Verhältnis gepflegt hatten. Es würde Halfdans renitente Hartnäckigkeit erklären. Selbst die Nachfolge in *Dublin* anzutreten, darum kann es ihm eigentlich nicht vordergründig gegangen sein, da er sich ja in England eine Herrschaft aufbaute. Möglicherweise wollte er auch die Ansprüche der (bei Ivars Tod noch minderjährigen?) Erben unterstützen. Dazu später mehr.[79]

Die skandinavischen Sagas haben Halfdan schlichtweg unterschlagen. Verfiel er einer „damnatio memoriae"? Wegen des Mordes an Königssohn Oistin sowie seiner Vertreibung aus *Northumbria* durch die eigenen Leute? Das Attentat auf Oistin war sicher ein dunkler Fleck in seiner Laufbahn. Dennoch ist Halfdan eine überaus bedeutsame

---

78 Der zweite Sohn Thoras; diese beiden waren laut *Ragnars Saga* gegen König Oistin (Eystein) von Schweden umgekommen; dazu auch Kapitel „Die Kuh Sibilja"
79 Kapitel „Ivars Erben"

Gestalt der Invasionszeit. Er hat die Integration von Nord-Mercia abgeschlossen und die skandinavische Kolonisation sowohl von *Mercia* als auch *Northumbria* eingeleitet. Schon um 872 scheint er sich (klugerweise) aus dem langwierigen Kampf gegen *Wessex* zurückgezogen zu haben, um stattdessen die Verhältnisse im Norden erfolgreich zu konsolidieren. Wäre er nicht 877 gefallen, hätte er zweifellos eine effektive Grenzsicherung des Eroberten nach Süden hin durchgeführt. Seine Negativbeurteilung in northumbrischen Quellen, die ihn im Wahnsinn enden lassen, geht zu einem Gutteil auf kirchliche Diffamierung zurück! Bezieht sich dieser „Wahnsinn" auf Halfdans zornige Erregung, weil er unter seinen Gefolgsleuten nicht mehr genug Rückhalt fand, um die Verhältnisse in *Dublin* zu klären?

Ließ Halfdan, nach dem Vorbild angelsächsischer Münzen, bereits Pennies und Halfpennies prägen? Einige Exemplare mit der Aufschrift „Alfdene Rex" und dem *London monogram* wurden gefunden. *„Die gesamte Halfdan-Münzserie kann der Londoner Münzwerkstatt zugeschrieben werden... seine Halfpennies sind die frühesten im Münzwesen Englands."*[80]. Da Halfdan 871/72 sein Winterlager in *London* aufgeschlagen hatte, könnte diese Prägung frühestens damals stattgefunden haben. Anderen Hypothesen zufolge weisen die Münzen auf einen northumbrischen Herrscher Halfdan, der zu Beginn des 10. Jahrhunderts regierte. Es müsste sich dann um Halfdans Sohn handeln, der somit

---

80 *G. C. Brooke*: English coins, 1950

seine Nachfolge angetreten hatte und 910 gegen ein Heer aus *Wessex* fiel.[81]

Die Aktivitäten des im Süden operierenden Großen Heeres unter Führung von Guthrum konzentrierten sich nun auf den zähen Gegner *Wessex*. In einem dreijährigen Feldzug konnten jedoch keine durchschlagenden Erfolge gegen König Alfred erzielt werden, der seinerseits sämtliche Kräfte seines Königreichs zu bündeln wusste. 878 errang er schließlich in der Schlacht von *Edington* den entscheidenden Sieg über Guthrums Streitmacht. In einer feierlichen Zeremonie mitsamt Guthrums Taufe wurde ein dauerhaftes Abkommen geschlossen, in dem Hoheitsgrenzen festgesetzt wurden: Damit war die Existenz dänischer Hoheitsgebiete – *Northumbrien*, Nord-*Mercia* sowie *Ostangeln* – offiziell begründet.

Zwölf Jahre hatte das Große Heer darum gefochten und endlich zumindest Englands Osten und Mitte, dazu fast die gesamte Ostküste als Siedlungsgebiet ergattert! Während die ersten fünf Jahre unter Ivars Oberbefehl sehr schwungvoll waren und zwei der vier Territorien sicherten, zog sich das Unternehmen nach seinem Ausscheiden zäh in die Länge: Die Invasoren hatten schwere Verluste zu verzeichnen; insbesondere in den beiden letzten Kriegsjahren. So hatte um 877 eine aus dem Norden zur Verstärkung geschickte Flotte von über 100 Schiffen an der südenglischen Küste Schiffbruch erlitten, in einem Sturm.

---

81 Dazu auch Kapitel „Ivars Erben"

Auch Ubbe, Ivars anderer Bruder, sollte das Unternehmen nicht überleben: Er fiel im letzten Kriegsjahr, als er von Wales her in *Devon* eindrang, zur Unterstützung von Guthrum. Angeblich folgten ihm 800 Kämpfer nach Walhall, also ein weiterer hoher Verlust. Dazu gibt es einen dramatischen Bericht in den hochmittelalterlichen „Annalen von St. Neot's":

„In diesem Kampf erbeuteten die Engländer das Banner, welches „Rabe" genannt wird. Denn man sagt, dass die drei Schwestern von Ivar und Ubbe, das heißt, die Lodbrok-Töchter, dieses Banner gewebt und das Ganze an nur einem Tag verfertigt haben. Man sagt auch, dass in jedem Gefecht, wo das Banner getragen wird, sofern der Sieg ihnen gehören soll, dort mitten auf dem Banner etwas erscheint, was so aussieht wie ein lebendiger fliegender Rabe; wenn sie aber besiegt werden, dann hängt es unbeweglich herab – und das hat sich oft als wahr herausgestellt."

Wie man erkennt, rankten sich um dieses tatsächlich erbeutete Banner bald Legenden, die im Laufe der Zeit immer mehr ausgeschmückt wurden. Angeblich wurde es (von den Angelsachsen) *leodbroga*, Schrecken der Leute, genannt – woraus möglicherweise der Beiname Lodbrok resultierte.[82] Der Rabe war natürlich Symbol für den Gott Odin. Wie wir noch sehen werden, wurde eine derartige Standarte ebenfalls von Ivars irischen Nachkommen geführt![83]

---

82 Siehe auch Kapitel „Wer war Ragnar Lodbrok?"
83 Siehe Kapitel „Ivars Erben"

Das Rabenbanner lieferte sogar so berühmten Autoren wie *Sir Walter Scott* manche Inspiration. In Scotts im mittelalterlichen Yorkshire spielenden *Ivanhoe* trägt der Normanne (!) Brian de Bois-Guilbert den Raben auf seinem Schild, mit dem Motto: „Hüte dich vor dem Raben!" Im 18. Jahrhundert dichtete ein gewisser *James Thomson:*

„Es ist dasselbe (Banner)/ gewebt von den Schwestern des dänischen Königs,/ des grimmigen Ivar, in einer einzigen Mitternachtsstunde,/ während der sieche Mond, bei ihrem verhexten Lied/ in bleiches Unwetter gehüllt, durchs Gewölk sich mühte./ Die Dämonen der Zerstörung, sagt man,/ waren dann alle unterwegs und vermischten mit dem Gewebe/ ihre unheilvolle Kraft; die Schwestern sangen immerwährend:/ 'Schüttele, Standarte, schüttele dieses Verderben auf unsere Feinde.'"

Schön gruselig – und das waren so die typischen Zutaten: Mitternacht, ein bleicher Mond, drei hexerische Frauen, Zaubersprüche, recht passend für die damals aufkommende Gothic-Welle in der Literatur! An die drei Nornen, die Schicksalsgöttinnen der nordischen Mythologie, muss man hierbei ein bisschen denken – und natürlich auch an die drei Hexen in *Shakespeare's* „Macbeth". Auch wenn nach Ivars Dänen noch andere Wikinger, selbst Knut der Große, solche Standarten trugen – ihr Schrecken blieb offenbar dauerhaft mit dem Großen Heer verknüpft!

Traditionen von Ubbes dramatischem letztem Kampf in *Devon* scheinen auch zu *Saxo* gelangt zu sein: *„Und so wurde*

166

Ubbe von einem Pfeilschauer durchlöchert, da niemand einen Kampf Mann gegen Mann mit ihm wagte. 144 Pfeile (!) hatten die Brust des Kriegers durchbohrt, bevor seine Körperkraft zusammenbrach und er in die Knie ging. Letztendlich erlitten die Dänen eine große Niederlage."

Dass Ubbes zünftiger Wikingertod gegen *Wessex* von den Skalden besungen wurde, versteht sich von selbst (wenn auch *Saxo* das Geschehen zeitlich ganz woanders einordnet). *„Einer von Ivars und Halfdans Brüdern kam in Penwood um. Sein Name war Ubbe. ... Die Dänen errichteten einen hohen Hügel über seinem Grab, als sie seinen Leichnam geborgen hatten. Sie nannten den Hügel, der sich in Devonshire befindet, Ubbes Hügelgrab.",* erzählt *Geffrei Gaimar.*

Ist das noch sachlich, so machten andere englische Traditionen Ubbe zu einem Hexer: Im 12. Jahrhundert grauste sich *Geoffrey of Wells* vor *„den dämonischen Künsten Hubbas, welcher der Hexerei und Giftmischerei kundig war. Wahrhaftig – er war vollkommen ein Diener des Bösen und ein Meister dieser erlernten Künste, die ihm ergeben waren... indem er mit gewissen magischen Gesängen überlegene Macht ausübte."* Solche Bemerkungen, zumal in Zusammenhang mit dem Martyrium König Edmunds geäußert, hätte man eher für den „bösen erzheidnischen Ivar" erwartet. Nun war aber scinerzeit (878) das so geheimnisumwitterte Rabenbanner in Ubbes Heer gefunden worden, wodurch er den Ruf eines „Hexenmeisters" abkriegte...

Deshalb wünschten sich sonstige späte Quellen, dass *„Ubbe*

167

beim Ritt plötzlich lebendig verschluckt wurde von der Erde, die ihren Mund öffnete."[84] Sogar Ivar soll nochmal aufgetaucht sein, ebenfalls im letzten Kriegsjahr 878: „*Er ertrank, als er einen Sumpf in Berkshire überquerte; dieser Sumpf wird bis zu diesem Tag vom Volk der Region Hyngerford genannt.*[85]" Da hatte man wohl einen Geist gesehen, denn Ivar weilte da schon fünf Jahre im Wikinger-Paradies!

Ubbe-Legenden grassierten nicht nur rund um seinen Todesort, sondern auch in *Northumbrien*, seinem Herrschaftsgebiet. Einigen Traditionen zufolge war er nahe *York* in einem Hügelgrab zur letzten Ruhe gebettet worden – was wahrscheinlicher ist als eine Bestattung in *Devonshire*, mitten im Feindesland. Daher ist Ubbes Körper von den Überlebenden sicher in sein Teilreich *Northumbrien* überführt worden. Nahe dem von Wikingern an der Stelle des um 867 zerstörten Klosters Streoneshalch gegründeten *Whitby* existiert ein *Raven Hill*, wo Ubbe bei seiner Landung sein Rabenbanner aufgesteckt haben soll; dieser Moment wurde sogar in Balladen verewigt.

Dennoch genoss dieser Lodbrok-Sohn in England durchaus kein rein negatives Image: Er fand nämlich Eingang in die sogenannte „Havelok-Sage", die im Hohen Mittelalter rings um den von Skandinaviern gegründeten Handelsplatz *Grimsby* am *Humber* blühte: Dem sympathischen Helden Havelok wird ein treuer Gefolgsmann namens Ubbe beigesellt. Er fällt auch nicht in der Schlacht, sondern wird

---

84 Book of Hyde (14. Jh.)
85 ebenda

vom Protagonisten schwerverwundet gerettet (nach dem Motto: „Winnetou darf nicht sterben!“)...[86]

Kommen wir am Schluss noch mal zurück auf das eigentliche Hauptthema dieses Kapitels: *Wessex*. Dass das Große Heer mit seiner Eroberung scheiterte, lag kaum nur an Ivars Abwesenheit. Dass Ivar seine Invasion nicht in *Wessex* gestartet hatte, dürfte ebenfalls wohlkalkuliert gewesen sein. Der erfolgreiche Widerstand gegen die Wikinger hatte König Alfred zu einem „Nationalhelden“ gemacht. Man darf allerdings nicht übersehen: *Wessex* war bereits unter seinen Vorgängern zur englischen „Vormacht“ aufgestiegen, auf Kosten von *Mercia*. Durch permanente Wikingerattacken gegen seine Küsten war *Wessex* sozusagen trainiert in der Abwehr jener Gefahr. So hatte es bereits um 851 einen massiven Sturm über die Themse bis nach *Winchester* abgefangen. Dinge, über die Ivar und sein Generalstab natürlich in Kenntnis waren. *Wessex* hatte also sicher nicht erst unter Alfred damit begonnen, effektive Verteidigungsmaßnahmen (sprich: Burgensysteme) aufzubauen. Außerdem wäre man dort töricht gewesen, wenn man die fünf Jahre, in denen sich das Große Heer *Northumbria*, *Mercia* und *Ostangeln* vorknöpfte, nicht genutzt hätte, sich gegen Kommendes zu wappnen.

Anstatt dem arg bedrängten *Ostangeln* zu Hilfe zu kommen, dürfte *Wessex* derweil eifrig Vorkehrungen getroffen haben, die Verteidigung landesweit zu organisieren: Ein effektives

---

86 Zur Havelok-Saga mehr im folgenden Kapitel

Verteidigungssystem sowie gut ausgebildete Milizen. Daher bissen Halfdan und Gefolge sofort auf Granit. Dass selbst kombinierte Land- und Flottenangriffe von sämtlichen Flanken diese Nuss nicht knacken konnten, zeigt: *Wessex* hatte seine Hausaufgaben rechtzeitig gemacht – und nicht erst, als „das Kind im Brunnen lag".

Da drängt sich folgende Frage auf: Stand die Eroberung von *Wessex* überhaupt auf Ivars „to-do-list"? Von einem praktischen Standpunkt betrachtet mussten ja sämtliche eroberten Gebiete erstmal abgesichert werden. Für die Absicherung von *Mercia*, *Northumbria* sowie *Ostangeln* benötigte man bedeutende Verbände (in Form von Garnisonen etc.). Das heißt, ein beträchtlicher Teil des Großen Heeres wurde von diesen Aufgaben gebunden. Auch wenn das Heer immer wieder „nachwuchs" (Verstärkung durch Guthrums Sommerheer etc.), so dürften seine Kräfte nicht endlos gewesen sein. Es waren ja nicht die Streitmächte eines Landeskönigs, der über ganz andere Ressourcen verfügte.

Als Sven Gabelbart und sein Sohn Knut „der Große" Anfang des 11. Jahrhunderts England mit Bravour eroberten, glückte ihnen das auch erst nach jahrzehntelangen England zermürbenden Wikingerzügen; zudem stützten sie sich als legitime Könige von Dänemark auf Mittel von ganz anderem Umfang. Schließlich kam ihnen zugute, dass da bereits das Danelag existierte, das ihnen bereitwilligst Türen öffnete. Das Große Heer des 9. Jahrhunderts hingegen bestand aus einer (durchaus beeindruckenden) Liga von „Outlaw-Prinzen", die sich ein „Riesending" vorgenommen hatten. Wie im Laufe dieser Biografie deutlich geworden ist, war Ivar wohl ein nüchterner Realist. Er hatte den Überblick, was zu schaffen war, und wovon man die Finger ließ bzw. was man vertagte.

Genau darauf könnte eine Passage in „Ragnars Saga" anspielen: *"König Aella sprach: 'Entweder müssen wir Ivar oder gar keinen fürchten. ... Gegen die anderen Brüder können wir unser Königreich halten.' Dann ließ er sein ganzes Königreich bewachen, so dass keine Eindringlinge unverhofft über ihn herfallen konnten. ... Und als man hörte, dass Ivar nicht teilnehmen würde, bekamen sie ein viel kleineres Heer zusammen und zogen dennoch (gegen Aella). Als sie nach England kamen, fand König Aella es raus. Im Nu blies er Alarm und bot alle Männer auf, die ihm folgen würden. Er versammelte ein so großes Heer, dass keiner es zählen konnte, und zog gegen Ivars Brüder. Als sie aufeinander trafen, war Ivar nicht in der Schlacht. Und die endete so: Ragnars Söhne machten kehrt und flohen, und König Aella blieb Sieger."*

Wie bereits ausgeführt, kann Aella von Northumbrien als Platzhalter für alle möglichen Leute stehen – hier würde er in die Rolle von König Alfred passen: Gut vorbereitet und schlagkräftig. Eventuell nimmt diese Passage Bezug auf Ivars Trennung vom Großen Heer nach vollendeter Okkupation von *Ostangeln* (870) sowie die bittere Erfahrung seiner Nachfolger gegen Alfred in den darauffolgenden Feldzügen (bis zur Schlacht von *Edington*). Es könnte auch ein Hinweis sein auf Konflikte zwischen Ivar und seinen Nachfolgern:

171

Wie er seinen Brüdern in der Saga abrät, sich voreilig mit Aella zu schlagen, so könnte er vor seiner Abreise nach Nordengland gemahnt haben, sich (erstmal) von *Wessex* fernzuhalten: *„Ich werde nicht teilnehmen und auch nicht meine Leute zusammenrufen."* Sein kategorischer Bescheid in „Ragnars Saga" könnte ein Echo davon sein. Auch sein Zaudern und Mahnen vor dem Kampf mit König Eystein[87] bezieht sich möglicherweise auf die Invasion von *Wessex*: *„Ihr alle prahlt mit unbändiger Tapferkeit und Kühnheit. Was ihr jetzt braucht, ist ebenso große Zähigkeit."*

Nicht ausgeschlossen also, dass Ivar und weitere kluge Ratgeber *Wessex* nicht auf die Tagesordnung gesetzt und empfohlen hatten, zunächst die Infrastruktur in *Northumbrien*, *Mercia* und *Ostangeln* voranzutreiben, um sich eben nicht an zu vielen Fronten aufzureiben und dadurch das Gewonnene zu gefährden. In der Tat hatte sich ja gezeigt, dass *Northumbrien* fast verloren gegangen wäre, als das Große Heer sich in *Wessex* verbissen hatte. Ivar selbst hatte in *Nottingham* erlebt, wie schnell *Wessex* auf dem Plan war.

Letztendlich sollten die Wikinger-Eroberungen *Wessex* als großen Gewinner hervorgehen lassen. Es nutzte den Vorteil zu einem rasanten Aufstieg, der bereits ein halbes Jahrhundert später zum gesamtenglischen Thron führte. Zu diesen Entwicklungen später mehr.[88]

---

87 Kapitel „Die Kuh Sibilja"
88 Kapitel „Ivars Erben"

Die skandinavische Landnahme

Die Geburtsstunde dessen, was später „Danelag" (also Land unter dänischem Recht) genannt werden sollte, hatte geschlagen. Nach dem Friedensschluss mit *Wessex* setzte eine lebhafte skandinavische Besiedlung der eroberten Territorien ein. Es wanderten nicht nur Leute aus den skandinavischen Gebieten zu, sondern wohl auch aus den wikingischen Territorien Irlands, Schottlands sowie weiteren Regionen. Archäologische Funde legen gar nahe, dass Frauen und Kinder (in begrenzter Zahl) bereits das Große Heer begleitet hatten. Dies unterstreicht nicht nur die selbstsichere Überzeugung der wikingischen Führung, dass ihr Unternehmen zum Erfolg führen würde, sondern gibt dem Großen Heer auch einen besonderen Charakter: Es war keine eiserne Vernichtungsstreitmacht. Die Präsenz von Familien unter den Kriegern macht verständlich, weshalb größere militärische Zusammenstöße vermieden und durch psychologische Abschreckung ersetzt wurden.

Wie viele Skandinavier wanderten im 9./10. Jahrhundert tatsächlich ein? Eine Frage, die bis heute nicht klar beantwortet ist. Erstaunliche Antworten geben jüngste DNA-Untersuchungen. 2015 informierte der *Focus*: „*Römer, Wikinger und Normannen haben kaum Spuren im Genpool hinterlassen.*"[89] Ganz im Gegensatz zu den Angelsachsen (mit

---

89 *Focus Online*: „DNA-Analyse enthüllt: Briten sind zu 30 Prozent deutsch", 2015

etwa 30%)! Die Römer zogen im frühen 5. Jh. ab – gut. Die Normannen stellten die elitäre Oberschicht, die tatsächlich nur einen kleinen Prozentsatz ausmachte. Was die Wikinger angeht, überrascht die DNA-Analyse sehr, hat doch, wie man an den Ortsnamen ablesen kann, eine nicht unbeträchtliche Zuwanderung stattgefunden. Tatsächlich ist es aber so, dass laut Wikipedia *„nordgermanische/dänische genetische Häufigkeiten nicht zu unterscheiden waren; somit ist es ausgeschlossen, zwischen dem genetischen Einfluss der angelsächsischen Quellbevölkerung und dem späteren sowie besser dokumentierten Zustrom dänischer Wikinger zu unterscheiden.“*[90] Gerade in *Northumbrien* hatten sich seinerzeit die ursprünglich in Nordholstein lebenden Angeln niedergelassen, die den Dänen genetisch sehr nahe standen.

Hingegen stechen norwegische Zuwanderer genetisch hervor. Ihr Anteil ließ sich in gewissen Regionen des Danelag (z. B. englische Westküste, Halbinsel *Wirral*) [91] deutlich belegen, während sie im östlichen Danelag dünner gesät waren.

Zurück ins späte 9. Jahrhundert: Das Große Heer hat viele archäologische Spuren hinterlassen. Selbst so temporäre Erscheinungen wie die Winterlager liefern reichhaltiges Anschauungsmaterial. Das umfassend untersuchte Camp in *Repton*/Derbyshire (874)[92] ist nur ein Highlight. Eine Reihe

---

90 Wikipedia („Genetic History of the British Isles“)
91 z. B. *S. Harding*: „Viking Mersey“, 2002
92 Kapitel „Ivars Grusel-Grab“

weiterer Wikingerlager konnte mittlerweile sowohl in England als auch in Irland mit reichen Funden aus dem 9. Jahrhundert untersucht werden. Dank dieser Ergebnisse bekommt man eine lebendige Vorstellung davon, wie das Leben in so einem Winterquartier vonstatten ging: Dass eine U-förmige Befestigung mit Wall, Graben und Palisade angelegt wurde, ähnlich den römischen Standlagern. Dass die Winterpause von den Wikingern nicht nur zu Waffenputzen oder Metorgien, sondern zum Handeltreiben genutzt wurde. Da diese Lager an wichtigen Flüssen oder Mündungen errichtet wurden, konnte Fracht und Nachschub per Schiff heran- oder weggeschafft werden, und solche Aktivität brachte Wikinger und lokale Bevölkerung zweifellos einander näher. Vielleicht gehörte das überhaupt zur Taktik der Wikinger, die Einheimischen schrittweise an ihre Präsenz zu gewöhnen. Im Frankenreich machten sie es nämlich genauso. Man gewährte ihnen, z. B. auf der Insel *Noirmoutier* während des Winters einen Markt abzuhalten, und in den Gebieten der künftigen Normandie hatten sie sich längst in solchen Quartieren festgesetzt, vor der offiziellen Abtretung der Region an Fürst Rollo.

Zwar sollte es in den 90er Jahren des 9. Jahrhunderts nochmal einen mehrjährigen Einfall geben, nämlich von Resten der Wikingerheere, die bislang im Frankenreich operiert hatten – jedoch scheiterte auch dieser Versuch, das letzte angelsächsische Königreich *Wessex* einzuverleiben. Diese Wikinger siedelten sich, nachdem sie nichts hatten ausrichten können, ebenfalls in den skandinavisch okkupierten Gebieten an.

Wie bereits gesagt, wurden *Northumbria, Mercia* und *Ostangeln* in der Übergangszeit von sogenannten Satellitenkönigen, also einheimischen Königen regiert, die unter dänischer Hoheit agierten. In *Ostangeln* wurden jene bereits um 880 von dem ehemaligen Heerführer (Jarl oder König) Guthrum abgelöst. Ähnliches geschah um etwa dieselbe Zeit in *Northumbria*[93], während die Verhältnisse in Dänisch *Mercia* nicht ganz klar scheinen.

Unter den Königen fungierten als bedeutende Administratoren eine Reihe von Jarlen, ursprünglich Unterkommandierende des Großen Heeres, nunmehr Großgrundbesitzer und Verwalter. Nach allem, was Quellen oder archäologische Funde aussagen, hat es keine größeren Rebellionen der Einheimischen gegen die Neusiedler gegeben, auch keine massenhaften Vertreibungen oder Enteignungen Alteingesessener - mit Ausnahme solcher Adliger, die sich der wikingischen Landnahme vehement widersetzten und dann in andere Regionen, abwanderten. Mögliche Nachfahren des northumbrischen Königshauses scheinen auf ihren Ländereien in *Bamburgh* im nördlichen Northumbrien ein dauerhaftes Widerstandszentrum gegen die skandinavische Vereinnahmung gebildet zu haben.[94]

„Dokumente und Archäologie bezeugen, dass auf das Räubern und Erobern Frieden und Integration folgte, und dass die

---

93 Siehe Kapitel „Ivars Erben"
94 Siehe Kapitel „Ivars Erben"

Integration rasch ablief.", äußert M. *Adams*. Die wikingische Landnahme des 9. Jahrhunderts lief somit weitaus weniger tiefgreifend ab als die angelsächsische vier Jahrhunderte früher, welche die einheimischen Briten bis in den äußersten Westen verdrängt hatte mitsamt ihrer Sprache!

Die größte Differenz bestand im Glauben. Skandinavier hatten es nie unternommen, andere zu ihrem Glauben zu bekehren – ihre Christianisierung hingegen setzte schrittweise ein. Nachweisbar haben wikingische Adlige religiöse Einrichtungen in *Northumbria* bald nach der Landnahme aktiv unterstützt. Zwei besonders spektakuläre Beispiele für rasche religiöse Assimilierung sind Erzbischof Oda von Canterbury sowie Erzbischof Oswald von York (im 10. Jh.). „*Odas Vater war einer der Dänen, die mit dem Schiffsheer unter Ubbe und Ivar kamen.*", liest man in einer frühmittelalterlichen Biografie, in der freilich auch geschrieben wird, dass Odas Vater, als Veteran des Großen Heeres selbst durchaus nicht einverstanden war, dass Sohnemann derart mit dem Christentum liebäugelte; ein angelsächsischer Adliger nahm sich somit der Betreuung des jungen Mannes an. Ähnlich lief es wohl bei Bischof Oswald ab. Es gelangten also zwei Personen in höchste Kirchenpositionen, deren nächste Angehörige noch Heiden gewesen waren! Ihr Fall zeigt aber auch, wie geschickt die angelsächsische intellektuelle Elite daranging, die junge Generation der Neusiedler „umzubilden".

Die eigentliche Stärke der Zuwanderer war freilich nicht abhängig von ihrer Bereitschaft, zu konvertieren. M.*Adams* schreibt zur Rolle der Jarle als Fürsten: „*Die Jarle scheinen die Territorien, die zu ihren Städten gehörten, als mehr oder weniger unabhängige Einheiten kontrolliert zu haben; jedes war für sich zu autonomer militärischer Aktion und ökonomischer Politik fähig, aber offenkundig arbeiteten diese Territorien oft zusammen, in gegenseitiger Unterstützung. Die Vielfalt gesetzlicher und administrativer Institutionen in den Midlands zeigt nicht, dass die Jarle kulturelle Eroberung anstrebten, sondern dass sie fähige, effektive Herrscher waren, ökonomisch erfolgreich... Sie übernahmen und modifizierten einheimische Bräuche und wurden frühzeitig Patrone einer wiederbelebten Kirche, ebenso wie Verkünder innovativer Gesetze. Man hat keinen Nachweis von Bürgerkrieg oder Rebellion während der ersten 100 Jahre ihrer wirkungsvollen Herrschaft. ... Das unternehmerische Geschick der dänischen Jarle, Landbesitzer und Händler kreierte, verstärkt durch ihren materiellen Wohlstand und durch die Zerstückelung sehr großer Güter, eine landwirtschaftliche Region, die nun offen war für technische und soziale Erneuerung.*"

England profitierte somit recht bald von den zugewanderten Ex-Wikingern. Mit Energie gingen sie daran, ihren neuen Siedlungsraum zu gestalten. Vor allem der Handel florierte – seine aufstrebenden Zentren waren *York*, *Nottingham* und *Lincoln* u.a.. Eine zeitgenössische Quelle[95] schreibt über die skandinavische Metropole *York*, dass „*sie unbeschreiblich gefüllt und bereichert ist mit den Schätzen der Kaufleute, die von überallher dorthin reisen, die meisten darunter Leute aus Dänemark.*" Der Laden brummte

---

95 „Leben des Heiligen Oswald"

offenbar, ähnlich wie zur selben Zeit *Haithabu*/Schleswig, Gründung König Godfrids. „*Münzen, geprägt im Namen... dänischer Könige von York, wurden am äußersten Ende des Baltikums und am Mälarsee gefunden. Kaum verwunderlich, da die Kontakte Yorks mit der Außenwelt... sich von Schottland bis nach Frankreich und von Irland bis nach Skandinavien erstreckten.*"[96]

Archäologische Ausgrabungen im Stadtzentrum von York vermitteln einen anschaulichen Eindruck dieses „Wirtschaftswunders". Und sie enthüllen den Kontrast zwischen Wikingerstadt und dem, was sich davor befand: „*Archäologische Untersuchungen zeigten an, dass außerhalb von Kathedrale und klösterlichem Komplex die Stadt großteils verlassen und unbevölkert war. ... Der archäologische Nachweis eines Mangels menschlicher Aktivität an dem Ort stimmt überein mit Ausgrabungen in anderen englischen Städten, wie Canterbury... und Lincoln, wo städtischer Verfall so außerordentlich war, dass sich eine dunkle, unfruchtbare Humusschicht über einen Großteil der Stadt legte. Ein klares Anzeichen dafür, dass aktives städtisches Leben aufgehört hatte.*"[97] Im Klartext: Die einstmals florierenden römischen Zentren hatten zur angelsächsischen Zeit in einem „Dornröschenschlaf" gelegen; das Einzige, was prosperierte, waren kirchliche Institutionen. Und das gemeine Volk? Wo waren Handwerker, Gewerbetreibende?

Da versteht man, dass, „*als die Wikinger mit Handel und dem*

---

96 S. Lebecq: „Communication and exchange in northwest Europe", 2007
97 D. Trynoski: „The Viking cities of Dublin und York", 2008

Wunsch nach einem Markt kamen, sie auf keinen längeren Widerstand trafen, als sie ihre Siedlung von Jorvik errichteten. "
Und der Archäologie ein Eldorado hinterließen: *„Bei Grabungen am Coppergate... boten die römischen und angelsächsischen Schichten äußerst wenig Funde, während die wikingischen Schichten ein sehr reiches Sortiment an archäologischem Material parat hatten. ... Hinweise auf Handwerk, Handel, Industrie, Unterkünfte sowie den anglo-skandinavischen Kultur-Mix. Viele englische Städte... erfuhren im 9. und 10. Jahrhundert einen ökonomischen Umschwung, ausgelöst vom wikingischen Königtum im Norden... Viele Straßen waren sorgfältig gestaltet und die Häuserzeilen an vorher geplanten Örtlichkeiten angelegt.*"[98]

Die übrigen skandinavisch regierten Gebiete standen York also in nichts nach. *„Die Danelag-Regionen von Lincolnshire, Norfolk und Suffolk waren die wohlhabendsten.*" (M. Adams). Von diesem Wohlstand profitierte natürlich ganz England. *„Die Wikingerzeit... scheint England hin zu einem neuen urbanen und industriellen Selbstbewusstsein getrieben zu haben.*", so nochmals M. Adams.

„Das englische Münzwesen (vor der wikingischen Invasion) hatte eine gewisse Entwertung erfahren, die in Northumbria heftig gewesen war. ... Zum Ende des 9. Jahrhunderts hin hatten die skandinavischen Siedler eine stattliche Anzahl Münzstätten im Danelag eingerichtet, die Münzen in gutem Silber produzierten."[99]
Auch hier hatten sich die Neusiedler als gelehrige Schüler

---

98 ebenda
99 *J. Graham-Campbell* in: „Vikings and the Danelaw", 2001

erwiesen! Sie engagierten dabei alteingesessene einheimische Münzmeister und ließen Verstärkung aus dem Frankenreich einreisen.

Wenn man sich Karten von der Besiedlung der Danelag-Gebiete anschaut, fällt auf, wie dicht alles jenseits der zwischen König Alfred und den Wikingern vertraglich festgelegten Grenze besiedelt wurde (mit Ausnahme von *Essex*). Skandinavische Ortsnamen sind sehr gut an ihrer Endung *-by* zu erkennen, die man ja bei uns auch im nördlichen Schleswig-Holstein sowie natürlich in Dänemark und Schweden findet. Andere Gründungen enden auf *-thorp*, entsprechend dem norddeutschen *-torf*. Am dichtesten besiedelt wurde das östliche Yorkshire bis zum *Tees* - der Teil von *Northumbrien*, der ja auch als Erster unter skandinavische Kontrolle geraten war. Als die Normannen Mitte des 11. Jahrhunderts England dauerhaft eroberten, trafen sie im Danelag auf *„eine Landschaft, die von freien Bauern, 'freien Männern' und anderen bewohnt war, die Bräuchen folgten, die... als unverwechselbar erscheinen."*, sagt S. Keynes. Auch auf ein eigenes Rechtssystem, das sogar *„die normannische Eroberung überlebte und durchs Mittelalter weiterexistierte."*[100]

Schließen wir mit M. Adams: *„Es gibt **keinen** Nachweis, dass skandinavische Räuber und Möchtegern-Eroberer vorsätzlich darangingen, die staatlichen Einrichtungen zu zerstören, dass sie eine Kampagne ethnischer Säuberung durchführten, die Verehrung*

100Zitiert aus: „The Story of Danelaw" (about-history.com)

Christi ächteten oder an die Auslöschung insularer Kultur gingen. Weit davon entfernt. Sie setzten keinen Präzedenzfall für ihren normannischen Abkömmling Wilhelm den Eroberer."

Wobei auch Wilhelm von der Normandie die insulare Kultur keineswegs auslöschte und anfangs keinen harten Kurs gegen die Engländer gefahren war, hingegen einheimische Amtsträger in ihren Stellungen belassen hatte. Die furchtbare „Verwüstung des Nordens" (1069/70) war eine Folge unablässiger Aufstände alteingesessener Führungsschichten hauptsächlich in *Northumbrien,* die die neuen Herren nur durch brutalstes Durchgreifen einzudämmen wussten. Das Volk hatte einen hohen Preis zu zahlen: Rund 100 000 Opfer sowie ein nahezu entvölkertes Land! Laut *Domesday Book* war noch 1086 *„ein Drittel des verfügbaren Landes in Yorkshire als öde aufgeführt."* Für Jahrhunderte wurde der Norden damit wirtschaftlich zurückgeworfen, nach einer rund 200jährigen Blütezeit im Danelag!

Ganz so bitter scheint das Schicksal der Region *Lincoln* nicht gewesen zu sein: Hier nämlich wurde noch im Hohen Mittelalter eine romantische Sage lebendig gehalten, die die „Danelag-Ära" in ein geradezu verklärtes Licht taucht – die Sage von „Havelok und Goldburgh". Dass sie in einer mittelenglischen Dichtfassung erschien, beweist die gelungene Integration der Skandinavier unter den einheimischen Angeln – schließlich hatten sie ja einen enormen wirtschaftlichen Aufschwung gebracht, der jedermann zugute kam!

So preist die Sage die Stadt *Lincoln* als einen „Laden, der brummt". Held Havelok, ein vertriebener dänischer Prinz, wächst allerdings nicht dort, sondern in der Dänengründung *Grimsby* am *Humber* auf, und zwar als Ziehsohn des Fischers Grim. Als Jüngling verdingt sich Havelok in *Lincoln*, wo er die englische Prinzessin Goldburgh kennenlernt. Nach allerlei Abenteuern kommt es natürlich zum Happy End: Nämlich der Vermählung des dänischen Prinzen mit der englischen Prinzessin.

Surprise, surprise: Die Bösen in dieser Story sind – mal nicht – die Dänen, sondern die Engländer! Es scheint, dass die Danelag-Bewohner, die beständigen Diffamierungen durch Chroniken und Heiligenlegenden leid, die Retourkutsche bestiegen. Die Anglo-Dänen sind fleißig und rührig, heißt die message. Hingegen ist Goldburghs englischer Vormund ein ausgemachter Fiesling, dem dann auch von Havelok der Prozess gemacht wird...

Zweifellos weist die Handlung der Sage auf die wikingische Landnahmezeit. Wie bereits im vorigen Kapitel angeschnitten, taucht ein Ubba als treuer Gefolgsmann des Helden auf, der ihm bei der Entthronung des fiesen englischen Herrschers hilft. Da Ubba knapp ein Jahrzehnt Statthalter Northumbriens gewesen sein könnte, verwundert sein positives Andenken nicht. Welches historische Vorbild hinter Havelok steht, läßt sich schwer ermitteln. Hygelac bzw. Hugleik waren mythische Vorfahren dänischer sowie schwedischer Königshäuser. Haveloc könnte also ein symbolischer Deckname sein.

Eventuell war das historische Urbild Haveloks eng verwandt mit einem oder mehreren Anführern der Landnahmezeit. Haveloks Ziehvater, der Fischer Grim, könnte eine Allegorie Odins als Beschützer des exilierten Prinzen sein. Auf *Grimsbys* Stadtsiegel ist er als Riese abgebildet, welcher Havelok und Goldburgh beschirmt. Auf demselben Siegel präsentiert der Prinz als Insignien eine Wikingeraxt sowie einen großen Ring[101] – einen solchen besaßen Ivars Nachkommen als Herrscher von *Dublin*: „Ring des Thorir" genannt. Und gewiss nicht zufällig heißt Grims Sohn Hugh „Rabe". Letzterer ebenfalls ein Symbol der Dubliner Dynastie![102]

Auch Havelok und Goldburgh begründen am Ende der Sage eine reiche Nachkommenschaft und schenken England eine stabile Zeit des Friedens. Zwar hätte eine solch englisch-skandinavische Union, wie wir sehen werden, bei einem Enkel Ivars und einer Enkelin Alfreds leider nur beinahe stattgefunden – im Volk aber dürften sich beide Seiten bald nähergekommen sein.

Solches legt auch die Rolle von Wikingern in Geister- und Spuk-Storys nahe, von denen Großbritannien ja so reich ist: Im Führer zu 1000 Spukorten („Die Geister Großbritanniens") führt *John Brooks* gerade mal zwei Orte an, wo es in Zusammenhang mit Wikingern spukt – es sind aber keine meuchelmordenden Nordmänner, im Gegenteil.

101Es handelt sich um einen sog. Amulett-Ring, für kultische Zwecke (in großer Zahl in *Uppsala* gefunden)
102 Siehe auch Kapitel „Ivars Erben"

Da wäre ein Wikinger namens „Abt Olaf", von Mönchen nach einem Überfall gesund gepflegt, der als Geist nach wie vor das Schicksal seines gefallenen Bruders betrauert. Oder der ruhelose Geist eines unglücklichen Mädchens, das sich an der northumbrischen Küste mit ihrem Wikinger-Geliebten verabredet hatte; dieser wurde allerdings, als er arglos zum Rendezvouz erschien, von sächsischen Fischern erschlagen. Eine dritte alte Story (nicht bei *Brooks*) erzählt von der Liebe einer Nonne zu einem auf *Sheppey* stationierten Wikinger. Alte Volkssagen haben demnach ein anderes Bild geformt als Annalen und Chroniken. Man trifft keinen „Hexenmeister Hubba", kein blutrünstiges Geister-Heidenheer oder etwa Phantom-Odinsraben. Eventuell jedoch hat sich *Bram Stoker*, als er Graf Dracula an Yorkshires Küste landen ließ, ja von der alten Legende inspirieren lassen, laut der nahe Draculas Landungsort bereits „Hingwar und Hubba" ihre Rabenstandarte auf dem „Raven Hill" aufgepflanzt hatten...

Ivars Erben

Als „*König aller Nordmänner von Irland und Britannien*" war Ivar 873 in Dublin aus dem Leben geschieden. Wie bereits an früherer Stelle angesprochen[103], ging es hier möglicherweise nicht mit rechten Dingen zu. Die Fragmentarischen Annalen sprechen von „*einer plötzlichen, häßlichen Krankheit*". So was gibt es natürlich. Wenn man bedenkt, dass obige Annalen über dänisch-irische Kontakte näher informiert waren, wollten sie damit vielleicht was andeuten. Warum stand denn Ivars Bruder Halfdan so rasch auf der Matte, um dessen Nachfolger Oistin zu meucheln? Aus Blutrache? Ein Lübecker Chronist des 14./15. Jahrhunderts[104] weiß, was sonst nirgends steht: „*Inguar wurde von seinen eigenen Leuten/Angehörigen ermordet*". Eine späte Quelle, sicherlich, doch auch nicht weit von Dänemark, Ivars Herkunftsland, entfernt.

Ob Ivars Lebensende ein „Cold Case" ist, muss offenbleiben. Spekulationen sind erlaubt. Wem hätte Ivars vorzeitiges Verscheiden genutzt? Da sein Amtskollege Olaf um 871/2 bereits wieder militärisch auf schottischem Gebiet unterwegs war (und dort offenbar umkam), hielt Ivar nunmehr alleine die Königswürde inne. Die politische Situation in Dublin war völlig anders als vor Ivars England-Abenteuer, wo er unter Olaf als Nr. 2 regiert hatte. Sein

---

103 Kapitel „Der lange Kampf um Wessex"
104 Hermann Korner

Titel „König aller Nordleute..." zeigt an, dass Amtskollege Olaf zu diesem Zeitpunkt bereits verschieden sein musste. Ivar wird sich solchen Titel kaum hinter Olafs Rücken angemaßt haben. Auch die irischen Annalen schienen an Olaf seit Ivars Rückkehr das Interesse verloren zu haben: Die „Annalen von Ulster", die sonst jeden von Olafs Schritten dokumentierten, erwähnen weder seine erneute Abfahrt Richtung Schottland noch seinen Tod. Den erfährt man lediglich aus einer späteren schottischen Quelle. Ivars Tod hingegen wird von vier irischen sowie einer schottischen Chronik offiziell vermerkt. Das sagt: Für die Iren war nun Ivar erster Mann der Nordleute.

Diese Entwicklung mag nicht jedem gefallen haben. Man bedenke, dass Irlands Wikinger aus zwei Fraktionen bestanden: Den „hellen Fremden" (= alteingesessenen Norwegern) sowie den „dunklen Fremden" (= Gefolgsleute Orms und Ivars). Die „Hellen" mochten nun befürchten, dass ihre Partei ins Hintertreffen geriet. Dass alte Gräben noch bestanden, erkennt man an der die nächsten Jahrzehnte beherrschenden Krise in Dublins Regierung. Vielleicht hatten Olafs Anhänger gehofft, Ivar würde sich nach seinen Erfolgen in England als Herrscher installieren (und seine Familie nachholen), somit Olaf den Platz in Dublin abtreten – was sich nicht erfüllte, da Ivar die englischen Gebiete seinen Brüdern überließ.

Der Tod von Ivar (873), Olaf (872/3?) sowie dessen Sohn Oistin (875) hinterließ natürlich instabile Verhältnisse. Ivar hatte mindestens zwei männliche Erben: **Sigtrygg** sowie

Sigfrith. Auffällig ist, dass beide Söhne Namen mit der Vorsilbe *Sig* (= Sieg) haben. Dies könnte in der Tat auf eine intensive Odinsverehrung hinweisen, da der oberste Ase u.a. den Beinamen „Sig-Tyr" (= Gott des Sieges) hatte.

Über mögliche Töchter Ivars sowie auch seine Gattin ist leider nichts überliefert. Auf jeden Fall aber liefert die „Sage von Ragnars Söhnen"mit der Behauptung, *„er hatte keine Kinder, weil er so beschaffen war, dass er weder Lust noch Liebe in sich hatte"*, Fehlinformationen.

Ging ihr Verfasser etwa davon aus, dass ein „Knochenloser" nun einmal keine Kinder zeugen kann? Sollte es möglich sein, dass man auf Island Jahrhunderte später nichts von Ivars Nachfahren wusste, obwohl diese im irisch-schottischen Bereich über die Jahrhunderte verankert blieben und nach Island ausgewanderte irische Wikinger von ihnen erzählen konnten? Nun wurde ja auch Ivars irische Karriere in den Island-Sagas komplett ausgeblendet. Andererseits lebten die Taten Olaf „des Weißen" mitsamt seinen Nachkommen auf Island fort, und es wurden ganze Stammbäume von ihnen abgeleitet. Zweifellos wurde unter Islands norwegischen Kolonisten die norwegisch-irische Olaf-Linie favorisiert. Dass Thronfolger Oistin durch Ivars Bruder Halfdan gemeuchelt worden war, hatte man kaum vergessen. Wurden daher sowohl Halfdan als auch Ivars Linie totgeschwiegen? Wir kommen darauf zurück.

Ivar könnte während seiner Zeit als Olafs Mitregent geheiratet haben. Seine Söhne waren jünger als die von

Olaf, von denen man bereits vor 870 hört. Es ist sehr wahrscheinlich, dass, sofern Ivar nicht zu eng mit Olaf verwandt war, seine Gemahlin Olafs Sippe angehörte. Denn, wie man weiß, schloss Ivar mit Olaf nach mutmaßlich anfänglichen Zerwürfnissen eine Allianz, und solche Allianzen wurden meist mit Verschwägerungen besiegelt. Unter Ivars Nachkommen spielt außerdem der Name Olaf eine große Rolle.

Schon bevor Ivars Nachfolger, Olafs ältester Sohn Oistin, ermordet worden war, schienen Leute aus Oistins engster Umgebung das Ruder übernommen zu haben. An der Spitze stand ein gewisser Barid, der oft als ein dritter Sohn Ivars ausgegeben wird. Da ihn irische Quellen aber nicht so bezeichnen und der Name Barid unter Ivars Nachkommen auch nicht benutzt wird, war er zweifellos Angehöriger der Gegenpartei; angeblich Ziehvater des Sohnes des Hochkönigs sowie von Oistin! Jenen soll er 877 mit seinem Sieg über Halfdan (welcher fiel) gerächt haben[105]. Barid wurde 881 in Dublin „verbrannt" - verbirgt sich dahinter das in den Sagas häufig ausgemalte Blutrache-Ritual der Verbrennung von Gegnern in ihrer eigenen Halle? Wenn dem so wäre, dürften hinter dem Akt Ivars (inzwischen herrschaftsfähige) Söhne gesteckt haben. Die Iren selbst schmähten Barid als Tyrann, was bei allem Ärger über die „Ostmänner" in den Chroniken nicht allzu häufig geschah.

Bald nach seinem Ausscheiden treten Ivars Söhne Sigtrygg und Sigfrith in Erscheinung, sollten jedoch ihrerseits dem

---

105 Siehe „Der lange Kampf um Wessex"

harten Machtringen bald zum Opfer fallen: Der eine 888 durch „*einen heimtückischen Anschlag seines Bruders(?)*", der andere 896 durch rivalisierende Wikingerclans. Sofern Sigtrygg Sigfrith ermordet hätte, wäre allerdings sein Name unter Ivars Nachkommen wohl nicht mehr benutzt worden (im Gegenteil wurde es ein „Top-Name" der Dynastie!). Wie gesagt, konnte Bruder auch „Waffenbruder" meinen. Das Dublin jener Jahrzehnte, zwischen Ivars Tod und der Vertreibung seiner Enkel (902), war geprägt von Intrigen und Morden, die alles bisher Aufgebaute gefährdeten.

Das erste Jahrzehnt des 10. Jahrhunderts sollte für Ivars Nachkommen den Tiefpunkt bedeuten. Irische Gegner wussten die inneren Streitigkeiten der Wikinger auszunutzen. Mittlerweile hatten sie es mit Ivars Enkeln zu tun, die ihr Erbe entschlossen verteidigten. Dennoch wurden sie 902 von einer starken Koalition irischer Könige aus Dublin vertrieben, mitsamt ihrem Anhang. Wie es schien, waren Ivars Nachkommen in wenigen Jahrzehnten damit gescheitert, die Stellung zu halten. In der Tat endete mit dem Exil Ivars des Jüngeren zu Beginn des 10. Jahrhunderts das sog. Erste Wikingerzeitalter von Irland!

Die *Uí Ímair* bewiesen allerdings Zähigkeit: Erstmal flüchteten sie sich nach Übersee – vor allem zu ihren Verwandten nach *Northumbria*, das eine wahre Einwanderungswelle von Irlandflüchtlingen überrollte. Ivar der Jüngere versuchte offenbar nach der Schmach der Vertreibung vom Dubliner Thron in Schottland Fuß zu fassen. Sein Einmarsch löste solchen Schrecken aus, dass

Laien und Klerus einen Gebets- und Fastenmarathon starteten sowie eine neue Standarte mit dem Kreuz des Heiligen Columban einführten, um der Plage Herr zu werden. Diese extremen Maßnahmen schienen zu fruchten, da Ivar 904 fiel.

Zeuge für jene bewegten Zeiten dürfte der berühmte sog. „Cuerdale-Schatz" sein – der größte in Mitteleuropa gefundene Wikingerschatz! Bereits 1840 wurde der u.a. aus 7000 Münzen bestehende Hort in *Lancashire* ausgegraben, sicher nicht zufällig nahe einer Fernstraße von *York* zur Irischen See. Allein aus dem skandinavischen *York* sowie *Ostangeln* liegen 5000 Münzen vor, die eine Datierung in die Jahre zwischen 905 – 910 ermöglichen. Es würde zu wohlhabenden *Dublin*-Flüchtlingen passen, die sich unterwegs ihrer gewichtigen Habe entledigten und offenbar nicht mehr dazu kamen, sie wieder auszubuddeln.

Böse Zungen hätten die *Ui Imair* mit einer Hydra verglichen, der immer wieder neue Köpfe nachwuchsen, gleich wie viele man ihr abschlug. Bald erhob sich nämlich ein weiterer Enkel Ivars mit dem vielversprechenden Namen Ragnald, um das Verlorene zu retten. Gemeinsam mit seinem Bruder Sigtrygg „Einauge" segelte er nach Irland, wo nach zwei gewonnenen Schlachten gegen wikingische Rivalen sowie Iren 917 Sigtrygg die Herrschaft über Dublin wiederaufnahm und das sog. Zweite Wikingerzeitalter in Irland einläutete.

Ragnald hingegen wollte den anderen Teil seines Erbes, die

northumbrischen Besitzungen, nicht unbeaufsichtigt lassen. Nach schweren Niederlagen gegen Alfreds Nachfolger Edward wenige Jahre zuvor schwächelte die skandinavische Dominanz. Die northumbrischen Anführer Oisl und Halfdan II waren 910 in einer militärischen Auseinandersetzung gefallen. Bei ihnen könnte es sich um Söhne von König Halfdan handeln. Seit ca. 880 hatten bereits dänische Könige in *York* regiert, die offenbar von einem Hardeknut abstammten, vielleicht einem sonst nicht weiter bekannten König des Großen Heeres. Nachdem *Dublin* als Handelspartner wikingischer Kontrolle vorübergehend entglitten war, wurden die wirtschaftlichen Verhältnisse in *York* in Mitleidenschaft gezogen, und das Gebiet geriet für Jahre wieder unter angelsächsischen Zugriff. Erst 919 verschaffte sich Ragnald nach einem Sieg über die Opposition Zutritt.

Und man erfährt, allerdings in einer späten Quelle, noch etwas Interessantes über Ragnald: *„König Edward enterbte höchst undankbar (seine Nichte) Aelfwynn... unter dem Vorwand, dass sie hinter seinem Rücken heimlich Ragnald, dem König der Dänen, die Ehe versprochen und den Ehevertrag geschlossen hatte.*"[106]

Die „Angelsächsische Chronik" hatte sich damit begnügt, festzuhalten, dass Edward von *Wessex* seine Nichte enterbt und an seinen Hof geholt hatte. Aelfwynn war Tochter und Erbin der streitbaren Herrin von Englisch *Mercia*,

---

106 *Caradoc*, History of Wales, 12. Jh.

Aethelfled, die ihr Territorium erfolgreich gegen wikingische Einfälle verteidigt hatte. 918 war sie gestorben, und die ungefähr 25jährige Aelfwynn hatte ein halbes Jahr regiert, bevor sie von ihrem Vormund Edward „freigestellt" wurde. Es war genau der Zeitrahmen, in dem Ragnald in *Northumbrien* aktiv wurde. Nicht undenkbar, dass er schon zuvor mit Aelfwynn in Kontakt gekommen war, möglicherweise bei Verhandlungen. Wie ihre mächtige Mutter Aethelfled, Tochter Alfreds des Großen, regierte Aelfwynn Englisch *Mercia* von *Chester* aus, einem geostrategisch äußerst wichtigen Platz, der die zwischen den Mündungen von *Dee* und *Mersey* gelegene Halbinsel *Wirral* kontrollierte. Von dieser Region aus bestand eine günstige Handelsanbindung an *Dublin*!

Bereits Königin Aethelfled hatte aus Irland vertriebenen Wikingern seit Anfang des 10. Jahrhunderts gestattet, sich auf dem *Wirral* anzusiedeln. Im Laufe der Jahre strömten immer mehr Nordleute rings um die Mündungen von *Dee* und *Mersey*, so dass die Region bis heute stärkste skandinavische Prägung aufweist! Zu Ragnalds und Aelfwynns Zeit bestand, laut archäologischem Befund, bereits seit Jahren eine dänisch-norwegische Handelssiedlung am Südrand von *Chester*, und die Bodenforschung attestierte eine gelungene Integration angelsächsischer sowie skandinavischer Gewerbetreibender!

In Geschichtswerken wird Aelfwynns Mutter Aethelfled gern als energische Streiterin gegen die Wikinger aufgetischt. Tatsächlich war es wohl aber so, dass die

Königin durch das unablässige Heranströmen von Skandinaviern genötigt war, Wege für eine friedliche Koexistenz mit ihren Nachbarn zu suchen. Das ist ihr wohl gelungen, wie *Chesters* rasches Aufstreben zu einem bedeutenden Handelsplatz verrät. Übrigens bekennt selbst die Angelsächsische Chronik, dass das einstige Römerlager bis Ende des 9. Jahrhunderts ein *„verlassener, öder Ort war"*. Dem entsprechen reichliche römische Bauzeugnisse sowie ebenso reichliche Funde der aufstrebenden Handelssiedlung des 10. Jahrhunderts..

Aethelfleds sowie Aelfwynns Residenz schien also erst dank Zuzug der Nordleute richtig aufgeblüht zu sein. Man kann sich vorstellen, dass die ortsansässigen angelsächsischen Gewerbetreibenden solche Belebung begrüßten (ähnlich wie in *York* oder *Lincoln*). Späten Quellen zufolge sollen *Chesters* Einwohner nämlich rebelliert haben, nach Entthronung ihrer Königin. Sie betrachteten das Eingreifen des Königs von *Wessex* in ihre Angelegenheiten offenbar als unzulässige Einmischung, zumal Aethelfled ihre erwachsene Tochter ausdrücklich als Erbin eingesetzt hatte. Dass Aelfwynn mit Mitte 20 noch ledig war, ist nach mittelalterlichen Verhältnissen ungewöhnlich – über ihr späteres Schicksal hüllen sich die Quellen übrigens in peinliches Schweigen. Wurde sie in ein Kloster verfrachtet, wie so manches renitente Adelsmitglied? Man sollte die späte walisische Quelle nicht abtun; *Wales* lag in *Chesters* Nachbarschaft, und man wusste dort offenbar von Dingen, die *Wessex* sorgfältig zu vertuschen suchte.

Ragnald traf kurz nach Inbesitznahme von *York* mit Edward von Wessex zusammen, um angeblich dessen Oberhoheit zu huldigen. Oder unternahm er eher diplomatische Schritte, um Edward zum Einlenken hinsichtlich Aelfwynn zu bewegen?

Bereits 921 allerdings verstarb Ragnald im besten Alter in *York*. Rasch war sein Bruder Sigtrygg „Einauge" zur Stelle und bremste offenbar das forsche Vordringen von Wessex. Fakt ist nämlich: Ivars Enkel konnten sich ihren Einfluss auf *Chester* und seine Region sichern, denn später wurden dort Münzen für die Dubliner Könige geprägt. Fakt ist auch, dass Sigtrygg den sächsischen Zugriff auf die sog. „Fünf Burgen" (*Lincoln, Nottingham, Derby, Leicester, Stamford*) revidieren konnte. Als Münzprägestätte während seiner Regierung tritt *Lincoln* in Erscheinung.

Leider waren auch Sigtrygg nur wenige Herrschaftsjahre vergönnt, bevor er (noch in jungem Alter, wie selbst die irischen Chronisten erstaunt vermerken) verschied. Vorher aber war etwas geschehen, was für König Edwards Nachfolger Aethelstan offenbar kein Skandal mehr war: „*Er vermählte seine Schwester Edgitha auf ehrenvolle Weise dem Dänen Sigtrygg, König von Northumbrien. Aus Liebe zur Braut gab dieser den heidnischen Glauben auf.*"[107] Der König von *Wessex* nahm offensichtlich seinen skandinavischen Kollegen von York als politische Größe sehr ernst, dass er zu solch einem Zugeständnis bereit war. Doch auch hier

---

107 Roger von Wendover

kein Happy-End: „*Nicht viel später verschmähte Sigtrygg allerdings die selige Jungfrau mitsamt dem christlichen Glauben und kehrte zur Götzenverehrung zurück.*" Sein ebenfalls vorzeitiger Tod erschien dem Chronisten natürlich als göttliches Strafgericht für seinen Abfall; und es versteht sich von selbst, dass die – angeblich jungfräulich gebliebene – Edgitha daraufhin den Schleier nahm!

Sollten die Dinge sich so zugetragen haben, wäre das für *Wessex* natürlich ein unerträglicher Affront gewesen. Ein weiterer Bruder von Sigtrygg und Ragnald versuchte nun sein Glück im Poker um Yorks Thron: Godfrid wurde nach nur einem halben Jahr wieder herausgeworfen. *William of Malmesbury* schildert anschaulich die Abenteuer dieses „*unverbesserlichen Piraten, der es gewohnt ist, wie ein Fisch im Wasser zu leben.*" Nach gescheiterter Inbesitznahme Yorks „*in einer Burg eingekesselt, trickste er die Wachsamkeit der Posten aus und entkam.*" Knapp einem Schiffbruch entronnen unterwarf er sich König Aethelstan, von dem er angeblich nett aufgenommen und vier Tage lang gut bewirtet wurde, wofür er auf sein Yorker Königtum verzichtete. Erstmal...

Auch diese Krise nach dem Rausschmiss der *Ui Imair* um 927 läßt sich mit einem spektakulären Schatzfund dokumentieren: 2007 fanden Hobby-Schatzsucher bei *Harrogate* im nördlichen *Yorkshire* ein intaktes Depot – nicht ganz so riesig wie der Cuerdale-Schatz, aber immerhin über 600 Silbermünzen im aktuellen Wert von umgerechnet 750 000 britischen Pfund! Diese Münzen geben Auskunft über

Yorks geradezu globale Handelskontakte: In die islamische Welt ebenso wie nach Russland und sogar bis nach Afghanistan! Arbeitete man hier mit den Rurikiden zusammen, die Ende des 9. Jahrhunderts das Handelszentrum Kiew gegründet hatten?[108] Der Besitzer dieses Schatzes könnte zur Entourage der um 927/28 nach Irland geflüchteten *Ui Imair*-Anhänger gehören; auch er kam nicht mehr zum Abholen, sehr zur Freude der Nachwelt...

Dennoch gaben die *Ui Imair* York, ihr wichtiges Handelsstandbein, nicht auf: Ivars Erben suchten nun den Schulterschluss mit den schottischen und sonstigen britischen Herrschern des Nordens, denen das Ausgreifen von Alfreds Erben ebenfalls wenig behagte. Aus dieser Zeit existiert ein walisisches Pamphlet[109], das seine Landsleute dazu auffordert, doch unbedingt mit den britischen Mächten sowie den Dubliner Königen eine Front zu bilden gegen Südengland: „*Zwischen Walisern und den Männern von Dublin wird Versöhnung herrschen. ... Die Nordleute von Dublin werden an unserer Seite stehen.*" Auf pathetische Weise beschwört das Pamphlet die uralte Erzfeindschaft gegenüber den Angelsachsen, die ja die Briten Stück für Stück verdrängten: „*Seit den Zeiten von Vortigern haben sie uns unterdrückt.*" Da schienen den christlichen Nachkommen der Britannier die Nordleute das geringere Übel, mit denen man sich arrangieren konnte, ohne Sorge haben zu müssen,

---

108 Siehe dazu auch Kapitel „Epilog"
109 „*Armes Prydhein*, The Prophecy of Britain...."

dass englische Geistliche die Strukturen der einheimischen Kirche umstülpten.

Es ist das große Verdienst von Ivars Urenkel Olaf „dem Roten"[110], dass er mit diplomatischem Geschick die britischen Nachbarn für sich gewann; vor allem durch die Union mit Schottland, dessen Regenten Constantin er zum Schwiegervater hatte. Letzterer war selbst erst jüngst Opfer eines englischen Einmarschs geworden, der sich sein Land mindestens ebenso gründlich vornahm wie marodierende Wikinger!

Sogar *Strathclyde*, von Olaf „dem Weißen" und Ivar einstmals unter wikingische Hoheit gebracht[111], trat aus eigenem Antrieb der Allianz bei. Mit solch einer starken Koalition wagten die *Ui Imair* die offene Konfrontation mit dem englischen König – und so kam es zur bedeutendsten Schlacht des 10. Jahrhunderts auf englischem Boden: *Brunanburgh*[112]. Die britisch-skandinavische Liga unterlag 937 trotz Olafs charismatischer Führung.

Dass der Verlierer von *Brunanburgh*, Olaf „der Rote", als fast noch jugendlicher Heerführer eine besondere Strahlkraft selbst auf die Nachwelt ausübte, verrät folgende von *William of Malmesbury* aufgezeichnete Story, die am Vorabend der Entscheidungsschlacht spielt:

„Als Olaf schließlich begriff, welche Gefahr über ihm schwebte,

---

110 In der nordischen Sage so genannt
111 Siehe Kapitel „Rückkehr nach Dublin"
112 Vielleicht *Bromborough* in Cheshire

schlüpfte er in die Rolle eines Spions. Indem er seine königlichen Insignien beiseite legte und eine Lyra in die Hände nahm, begab er sich zum Zelt des englischen Königs. Als er vor dem Eingang sang und zuweilen die zitternden Saiten in harmonischer Kadenz berührte, wurde er bereitwillig eingelassen; er gab sich als Sänger aus, der mit solcher Beschäftigung seinem täglichen Broterwerb nachging. Dort unterhielt er den König und seine Begleiter eine Zeitlang mit seiner musikalischen Darbietung. Während er mit Singen beschäftigt war, spähte er alles sorgfältig aus. Als man gesättigt die sinnlichen Freuden beendet hatte,... forderte man ihn auf, weiterzuziehen, und er empfing den Lohn für sein Lied. Da er aber verschmähte, ihn mitzunehmen, versteckte er ihn in der Erde..."

Und wäre fast aufgeflogen, weil sich im englischen Heer einer befand, der ihm früher gedient hatte. Eine hübsche Anekdote, freilich passend zu Williams historischem Rahmen – der Troubadour-Zeit! Oder zu einem romantischen Kino-Schinken wie „Ivanhoe", wo *Robert Taylor* als verkleideter Minstrel brilliert. Der „Sänger-Spion" war übrigens im Mittelalter ein beliebtes Motiv!

Olaf „der Rote" sollte sich trotz Niederlage als ebenso zäh erweisen wie seine Vorgänger: Kaum dass König Aethelstan von *Wessex* gestorben war (939), nutzten er sowie weitere Verwandte die Nachfolgekrise und rückten wieder in Dänisch *Northumbrien* ein. Zahlreiche Münzfunde, die in diese Phase datieren (u.a. sog. „Raven-Pennies") legen Zeugnis dafür ab, dass *Yorks* Wirtschaft mit der Rückkehr der Uí Ímair wieder einen Sprung nach vorn machte.

Doch schon waren da wieder verdächtig verfrühte Todesfälle: Olaf „der Rote" nach nur zwei Jahren, genau wie Ragnald II, Letzterer nachweislich ermordet[113]. Schaut man sich die durchweg kurzen Regierungszeiten der Yorker *Ui Imair*-Herrscher an, kommt man nicht umhin, massive Intrigen zu vermuten, die zweifellos von zähen einheimisch-northumbrischen Widerstandskreisen vorangetrieben wurden. Solche Intrigen sind vor allem für das 11. Jh. recht gut dokumentiert und richteten sich nicht nur gegen Mitglieder der *Ui-Imair*-Dynastie. *Northumbria* blieb speziell für Amtsträger offenbar ein „Hotspot". Vom Ende des 10. Jahrhunderts bis zur normannischen Eroberung des Nordens sollen von seinen 14 Earls dieses Zeitraums 13 eines unnatürlichen Todes gestorben sein.[114] Zweifellos eine Fortsetzung jener alten Konflikte, deren Wurzeln in der skandinavischen Landnahmezeit liegen. *Northumbrien* war allerdings bereits in der angelsächsischen Zeit ein permanenter Unruheherd gewesen...

Wie auch immer. Die englischen Herrscher scheinen sich ab ca. 954 endgültig Zugriff auf das wohlhabende *Northumbria* gesichert zu haben – einen Zugriff, den ihnen regierende *Ui Imair*-Könige teils erfolgreich verwehrt hatten. Letzteren Ambitionen auf den gesamtenglischen Thron zu unterstellen, ist fragwürdig; für Ivars Erben stand im Vordergrund, ihre Territorien rund um *York* sowie in

---

113 Dieser Ragnald bildet eventuell die historische Vorlage für das Ragnar-Aella-Drama; vgl. Kapitel „Erster Akt: York"
114 E. Parker: „Dragon Lords"

Dänisch *Mercia* gegen den Druck aus Süden abzusichern. Für mehr dürften ihre Ressourcen kaum gereicht haben.

Die englische Dominanz bedeutete allerdings nicht das Aus für die mittlerweile zweifellos gut integrierten Skandinavier. *Northumbrias* Wirtschaftskraft wurde zweifellos gebraucht, und es konnte sich einen gewissen Sonderstatus bewahren, was man daran erkennt, dass sein „dänisches" Recht nicht angetastet wurde. Die englischen Könige wollten keinen permanenten Unruheherd im Norden und trafen Arrangements mit den ansässigen Jarlen. Sicher behielten die *Uí Ímair* über Verbindungsleute einen Fuß in der Tür, da der Handel mit *Dublin* weiterhin florierte.

Die Münzen der Yorker *Uí Ímair*-Herrscher erlauben interessante Rückschlüsse auf ihre Regierung. Wie sich erkennen läßt, wählte nahezu jeder Regent individuelle Motive für die in seinem Namen geprägten Pennys. War es bei Olaf „dem Roten" der Odinsrabe, so entschieden sich die anderen für ein Schwert, Pfeil und Bogen oder Thorshammer, also diverse aussagekräftige heidnische Symbole. Die waren aber mit christlichen Motiven (Kreuz) kombiniert, was wiederum verdeutlicht: Ivars Erben kamen ihren christlichen Untertanen durchaus entgegen, ohne ihre eigene Identität zu verleugnen. Sie boten einen Kompromiss. Niemandem wurde etwas aufgezwungen.

Die Könige von *Wessex* ihrerseits erkannten jene „unkonventionellen" Wikingermünzen nicht als adäquates Zahlungsmittel an und verboten ihren Umlauf innerhalb ihres Regierungsbereichs. Im Danelag hingegen war jegliches Zahlungsmittel akzeptiert. Wikingische Toleranz wollte den freien Handel mit keinerlei Einschränkungen hemmen.

Die Zähigkeit, mit der Ivars Erben versucht hatten, die Hauptstädte ihres Reiches *Dublin* und *York* miteinander zu verlinken, zu verwalten und vor allem die Handelsbeziehungen zwischen beiden zu fördern, gleichzeitig sozusagen „im Spagat" ihren Einfluss in Irland zu halten, spricht für eine nicht unerhebliche (wirtschaftliche) Machtstellung. *„Wir müssen folgern, dass Dublin in der nordirischen See, auf Man, den Hebriden, in Schottland und in Nordengland echte Macht ausübte und über beachtliche Ressourcen verfügte. Es war ein Seereich, das Zentrum ökonomischer und politischer Interessen..."* So weit D. O'Corrain.

Trotz des Verlustes von York *„beeinflusste Ivars Dynastie die Verhältnisse entlang Englands Westküste von ihren Stützpunkten auf den Hebriden und Man, Nordwales sowie Irland."* (C. Downham) Sie baute Dublin aus zu einem *„florierenden, sich selbst regierenden und beinahe autonomen Stadtstaat"* (O'Corrain).

Überschattet wurde ihr Aufstreben allerdings zeitweilig durch innerdynastische Konflikte, die natürlich die Stellung schwächten. Bis zur Generation von Ivars Enkeln hatten die *Ui Imair* immerhin gut miteinander kooperiert und dadurch sowohl den Dubliner als auch den Yorker Thron gehalten. Die vielen Ableger der Familie begannen nun um das Königsamt zu konkurrieren; einige wichen auf die *Hebriden* oder *Isle of Man* aus, wo sie dauerhafte Kleinherrschaften etablierten. So oder so blieben die *Ui Imair* dominanteste Macht der irischen See.

Nebenlinien aus Ivars Geschlecht beherrschten schließlich auch die zweitbedeutendste Stadt *Limerick* (an Irlands Westküste), die von norwegischen Wikingern gegründet worden war, sowie den Hafen *Waterford*. Ivar von *Waterford* sowie Ivar von *Limerick* waren Ende des 10. Jahrhunderts ebenso herausragende Vertreter der mächtigen Dynastie wie die Dubliner Hauptlinie. Vor allem *Limerick* verselbständigte sich unter seinen *Ui-Imair*-Königen und trat als Handelszentrum in Konkurrenz zu Dublin, indem es seinen Schwerpunkt auf Handelsbeziehungen zum Frankenreich sowie in den Mittelmeerraum verlegte. *Waterford* expandierte nicht ganz so, wagte es aber dennoch, mit Dublin in Wettstreit zu treten.

Dublin, Waterford und *Limerick* jonglierten mit Bündnissen sowie Auseinandersetzungen mit den irischen Nachbarn. Ein gefährlicher Kontrahent erwuchs Ende des 10. Jahrhunderts in Brian Boru (König von *Munster*), der andererseits seinen Aufstieg zur Vormacht unter Irlands Magnaten auf Dublins wirtschaftliche Macht stützte. Er stürzte Ivar, letzten Wikingerkönig von *Limerick*, bevor er sich gegen seine Gönner wandte.

Dublins trotziger Widerstand gegen Brians Dominanz führte zur berühmten Schlacht von *Clontarf* im Jahre 1014:

Zwar unterlagen die Dubliner, doch war es fast ein Pyrrhussieg, bei den großen Verlusten der Iren und dem Tod ihres charismatischen Führers Brian. Die *Ui Imair* hatten nämlich eine starke Koalition auf ihrer Seite, von den *Hebriden*, *Orkneys* und sogar aus Skandinavien, was wiederum auf ihre weitreichenden Connexions hinweist.

Trotz Niederlage blieben Ivars Erben auf Dublins Thron. Erstens waren sie nämlich mit ihrem Gegner Brian doppelt und dreifach verschwägert! Zweitens brauchte man ihre wirtschaftliche Erfahrung, ihr Know How im Management von Irlands Wirtschaftsstandort Nr. 1. Nach *Clontarf* mussten die Dubliner Herren die Oberhoheit irischer Herrscher dauerhaft anerkennen, ohne dass die Stadt ihre Unabhängigkeit ganz einbüßte.

Erst 1170 wurden die *Ui Imair* (wohl aufgrund diplomatischer Fehlentscheidungen) von einer mächtigen anglonormannisch-irischen Allianz dauerhaft aus Dublin vertrieben – ihr letzter König, Ascall (Askold), Sohn eines Ragnall (Ragnald) und damit zweifellos ein ferner Abkömmling Ivars, zeigte die alte Hartnäckigkeit seiner Vorväter und versuchte eine Rückeroberung der Stadt. Die Quellen berichten, dass seine Truppen noch nach uralter dänischer Weise ausgerüstet waren, mit roten Rundschilden, obwohl im späten 12. Jahrhundert längst die normannischen Langschilde dominierten. Nach seiner Gefangennahme war der letzte skandinavische König von Dublin zu stolz, ein Lösegeld zu akzeptieren und wurde von den Engländern hingerichtet.

Ivars Erben hatten in Irland viele Höhen und (auch selbstverschuldete) Tiefen erlebt, aber nie aufgegeben. Sie waren eine erfolgreiche Handelsdynastie, deren Verdienst darin lag, eine florierende Metropole mitsamt solchen Ablegern wie *Limerick*, *Waterford* etc. aufgebaut zu haben, trotz aller Widrigkeiten, die ihnen dabei entgegenstanden. Die *Ui Imairs* hatten sich als unverwüstliche Stehaufmännchen erwiesen. Durch die von Stammvater Ivar aufgebaute Handelsachse *Dublin - York* förderten sie intensiven Handelsverkehr sowie kulturellen Austausch zwischen Irland und England.

Dabei waren sie ihrer althergebrachten Religion noch einige Zeit treu geblieben - offenbar länger, als ihre in England seßhaft gewordenen „Brüder" oder die Siedler der Normandie. Es mag dem Andenken an ihren berühmten Ahnherrn „Old Ivar" geschuldet sein, dass die *Ui Imair* stolz auf ihr Heidentum verwiesen: Noch Mitte des 10. Jahrhunderts gaben sie (in *York*) Münzen mit heidnischen Symbolen heraus. Eventuell führten sie in Gefechten auch noch das berüchtigte Rabenbanner, Emblem ihrer Dynastie. Mit solch einer Standarte zog angeblich ein Jarl Sigurd (!) von *Orkney* als ihr Verbündeter in die Schlacht von *Clontarf* (1014)! Ein weiterer Hinweis, dass die *Orkney*-Jarle bzw. Earls in doch engerer Beziehung zu Lodbroks Erben standen[115]...

Weitere markante Herrschaftsinsignien der *Ui Imair* waren

---

115 Siehe auch Kapitel: „Wer war Ragnar Lodbrok?"

der sogenannte „Ring des Thorir" sowie das „Schwert von Carlus". Diese beiden Insignien fielen später den Iren in die Hände. Auf besagten Ring, der sich wohl auf Gott Thor bezog, wurden nachweislich Eide geschworen. Mehr Rätsel gibt das Schwert auf. Ein Sohn Olafs des Weißen trug den Namen Carlus – und da dieser Name in irischen Königsfamilien vorkam, hatte Carlus wohl eine irische Mutter! Um 870 war Carlus im Kampf gefallen – war es sein Schwert, das die *Ui Imair*-Dynastie in Ehren hielt?

Gegen diese auf den ersten Blick naheliegende Erklärung spricht, dass der Name Carlus in der Dynastie nie benutzt wurde. Verweist das Schwert eventuell auf die <u>Karolinger</u>? Gar nicht abwegig. Ivars im Frankenreich jahrelang erfolgreich operierender Bruder Björn (Eisenseite) stand mit Karl dem Kahlen in diplomatischem Kontakt (möglicherweise trafen sie sich um 858 in der Pfalz Verberie). Bei diesem Anlass könnte der Kaiser dem Wikingerführer ein Schwert überreicht haben. Nordfranzösische Legenden um Björn fabulieren, sein Gefolge hätte ihn auf seinem Zug ins Mittelmeer um 859 zum römischen Kaiser machen wollen. Ob das nun Jux aus Übermut der Wikinger war – die irischen Annalen wissen, dass von diesem Orientabenteuer farbige Sklaven nach Irland gelangten.[116] Falls Björn sie persönlich dorthin brachte, könnte er bei dieser Gelegenheit seinem Bruder Ivar, dem Oberhaupt des 'Lodbrok-Syndikats', das Karolingerschwert als Geschenk überreicht haben. So etwas

---

116 Kapitel „Die wikingischen Gründerväter"

war natürlich ein Prestigeobjekt, mit dem sich auch künftige *Ui Imair*-Generationen mit den Karolingern auf eine Stufe stellen mochten. Womöglich zielt hierauf *Abbo von Fleurys* ironischer Gebrauch der „kaiserlichen" Titulatur „augustus"[117] für Ivar...

Ein bedeutender heidnischer Kultplatz nahe Dublin war „Thorirs (Thors) Wald" - ein Heiliger Hain, der im Jahre 1000 von den Iren zerstört wurde (was an das Umhauen der Donarseiche durch Missionar Bonifatius im frühen 8. Jahrhundert erinnert). Östlich der Stadt befanden sich die Hügelgrabmonumente der in traditionell skandinavischer Weise bestatteten Herrscher. Von den Iren wurden die heidnischen Könige Dublins „Thorirs Fürsten" genannt.

Quellen zufolge war Dublin unter Ivars Erben zu einer Drehscheibe des Sklavenhandels geworden und hatte aus diesem einen beträchtlichen Teil seines Wohlstands gezogen. Schon um 860 wurden der Legende nach gefangene Afrikaner von Ivars Brüdern nach Irland verschleppt. Doch hatten bereits die Iren selbst mit Sklaven gehandelt. Prominentester Ex-Sklave war der Heilige Patrick! Auf ihren Märkten verkauften die Wikinger Sklaven hauptsächlich in den muslimischen Kulturkreis, teils auch auf die Kolonie Island. Ein Großteil des Sklavenhandels lief jedoch über die russischen Wikinger (= Waräger).

Im Übrigen war Sklavenhandel überall im

---

117 Kapitel „Die Eroberung Ostangelns..."

frühmittelalterlichen Europa ein lukratives Geschäft: Im angelsächsischen England *„vor der normannischen Eroberung waren mindestens 10%, vielleicht sogar 30% der Bevölkerung Sklaven.“*[118] Im frommen Ottonenreich wurden die Namensgeber des Wortes „Sklave" Opfer - die Slawenstämme, ebenso brutal unterworfen und zwangschristianisiert wie die Sachsen, die nun weitergaben, was sie dereinst selbst erfahren hatten! Bedeutende Sklavenmärkte befanden sich auf deutschem Boden in Magdeburg, Merseburg sowie Mecklenburg. Reger Sklaven(Slawen)handel auch unter den polnischen Herrschern des 10. Jahrhunderts. *Judith Herrin* sagt: *„Christliche Händler weigerten sich, das lukrative Geschäft, junge Männer zu versklaven, aufzugeben. ... Rom selbst unterhielt einen größeren Sklavenmarkt.“* Und erst recht die Kreuzfahrerstaaten: Deren Ware bildeten *„sarazenische Einwohner eroberter Städte. ... Der maurische Reisende Ibn Jubayr beschrieb während seines Besuchs des Königreichs Jerusalem... angekettete Scharen männlicher und weiblicher Muslime...“*[119], und auch unter den Templern florierte der Handel mit russischen, türkischen, griechischen und arabischen Sklaven. Der Menschenhandel mit christlicher Ware war freilich für Christen tabu (waren doch Christen eine bessere „Menschenklasse"). Ein Lichtblick, dass zumindest das normannische England bereits Anfang des 12. Jahrhunderts die Sklaverei verbot. Allerdings dürfte das Los

---

118 *www.historyextra.com*: M. Morris: „Surprising facts...“, 12/ 2019
119 www.chalcedon.edu: „Did the medieval world really abolish Slavery“, 2018

der untersten Klassen während der hochmittelalterlichen Feudalzeit kaum besser als das von Sklaven gewesen sein...

Man sollte daher nicht mit dem Finger auf die Wikinger zeigen! Sie taten nur das, was ohnehin überall üblich war – die wenigsten Christen lebten ihnen etwas anderes vor!

Gewicht hatte vor allem Dublins Handel mit den skandinavischen Gebieten Englands. Vor den Wikingern scheint kaum nennenswerter Handelsaustausch zwischen Iren und Engländern floriert zu haben. *Gerald von Wales* hatte das ziemlich drastisch mit *„der angeborenen Faulheit der Iren"* begründet, die darum ja auch von den Neuankömmlingen profitiert hätten.[120] *„Die irischen Kelten entwickelten keine organisierten Städte oder Märkte."*, stellt man heute fest.[121] Ähnlich wie in England konzentrierte sich das ländliche Leben um kirchliche und klösterliche Gemeinschaften. *„Der Mangel an Schutz für Händler in irischen Gesetzen ist ein Indiz dafür, wie wenig die Iren selbst in den internationalen Handel verwickelt waren, und sämtlicher Handel schien über Wikingerhäfen abgewickelt zu werden."*, sagt S. McLeod.

Womit wurde gehandelt? Exportiert wurden vor allem Schafwolle, Felle, Pelze; importiert Wein, Seide aus Arabien, Silber aus Nahost, Zinn aus Cornwall, baltischer Bernstein, Walross-Zähne. Die Haupthandelsgüter ähnelten denen von York. Der archäologische Befund bezeugt, dass

---

120 Kapitel „Die wikingischen Gründerväter"
121 D. Trynoski: „The Viking cities of Dublin and York"

bereits während der Aktivität des Großen Heeres (865 – 878) irische Importe nach England gelangten, natürlich durch irische Kontingente sowie Nachschub aus Irland. Auch die Iren, vornehmlich die mit den Dubliner Herrschern verbündeten, profitierten vom Handelsaustausch.

Was allerdings erstaunlich ist: Die Dubliner Könige gaben erst Ende des 10. Jahrhunderts eine eigene Münze heraus. In *Northumbrien* waren unter ihnen sehr bald nach der Landnahme Münzen geprägt worden, die auch im Dubliner Handel kräftig kursierten. Offenbar genügte das den *Ui Imair*. Nachdem sie *York* eingebüßt hatten (ca. 954), wurde eine eigene Münzstätte für Dublin unerläßlich.

Eine gut frequentierte Handelsroute *Dublin-York* lief vom westschottischen *Firth of Clyde* über die relativ schmale Landbrücke (ca. 50 km) zum östlichen *Firth of Forth* und von dort weiter südwärts.[122] Dies setzte natürlich voraus, dass das Gebiet längs der Route unter wikingischer Kontrolle war. Man begreift nun, weshalb Olaf und Ivar 870 die „harte Nuss" der Festung *Alt Clud* auf dem Felsen von *Dumbarton* um jeden Preis knacken wollten.[123] Sie hatten diese Region als Handelsroute bereits im Visier. *Alt Cluds* Nachfolger, das Königreich *Strathclyde*, erhielt Zuzug von skandinavischen Siedlern, die sicher den Handelsweg überwachen sollten. Die Allianz, die Ivars Erben nachmals auch mit dem schottischen Königreich *Alba* als

---

122 Der „Forth and Clyde Canal" wurde erst im 18. Jh. gebaut
123 Siehe Kapitel „Rückkehr nach Dublin"

nordöstlichem Nachbarn eingingen, waren ebenfalls der Sicherheit der Handelswege dienlich. Wie bereits dargelegt, existierte eine wesentlich kürzere Passage von *Dublin* nach *Chester* (südl. Liverpool) sowie später nach *Bristol*. Die Fernrouten liefen nach Island, ins Baltikum sowie Südeuropa.

Und indirekter Kontakt existierte gar mit der Neuen Welt: Nämlich *Vinland*, dem heutigen *Neufundland*, wo sich Ende des 10. Jh. an mindestens zwei Orten, nämlich dem vor 50 Jahren ausgegrabenen *L'Anse aux Meadows* sowie im kürzlich entdeckten *Point Rosée* Niederlassungen etabliert hatten, die möglicherweise weniger kurzlebig waren als bislang angenommen[124]. Ein Gewandnadelfund in *L'Anse aux Meadows* lässt auf Handelsbeziehungen zwischen der Kolonie und *Dublin* schließen, und Sagas bestätigen transatlantische Kontakte! Für eine nicht näher definierbare Zeit (10. - 12. Jh.?) war also die Hauptstadt der *Ui Imair* frühzeitig das „Tor zur Neuen Welt"! Man muss sich das wohl so vorstellen, dass Dubliner Handelsschiffe ihre Waren bis *Island* brachten, von wo sie weiter nach *Grönland* sowie *Vinland* verschifft wurden. Dabei ist eine Reise von Irland in die Neue Welt keineswegs ausgeschlossen...

Wie *York* wurde auch das wikingische Dublin archäologisch akribisch untersucht und bot reiches Fundmaterial, das eine Vorstellung vom damaligen Leben vermittelt.

---

124 z. B. www.forbes.com: D.S. Anderson: „Vikings in North America?" (7/2019)

Demnach dürften die Lebensverhältnisse sowie das Stadtbild ähnlich gewesen sein wie in York: *„Auf der gesamten Länge eines ausgedehnten Bohlenweges wurden eine beträchtliche Anzahl von Strukturen aus dem 10. und 11. Jahrhundert ausgegraben, die aus Pfosten und Flechtwerk hergestellt waren. Die Gebäude beherbergten einen großen Umfang verschiedener Handelszweige, die hochwertiges einheimisches sowie importiertes Material benutzten: Kämme und alle Arten von Objekten wurden aus Knochen und Geweih gefertigt, und es gab da Metallhandwerk sowie Bernsteinverarbeitung."* [125]

Interessante Details zum Alltagsleben boten sich dar: Man konnte *„hinter den Wohnhäusern von Flechtwerk umfriedete Gruben nachweisen, die als Brunnen, Vorratskammern oder Latrinen dienten."* Ja, wo die wikingerzeitlichen Menschen ihre dringenden Bedürfnisse erledigten, interessiert doch auch! Um ihre Siedlungszentren betrieben die Skandinavier Ackerbau. Die gute Qualität von Weizen, Käse, Schinken und Fleisch wird bereits in zeitgenössischen Quellen gerühmt.

Die obligatorische *Thingmote* für Versammlungen – ein demokratisches Element in dem von Königen regierten Stadtstaat – erhob sich am Rande von Dublin bis ins 18. Jh. (zum Schluss als „Naherholungsgebiet" genutzt). Solche Thinghügel wurden auch in England zahlreich nachgewiesen. Im Gegensatz zur immer weiter

---

125 S. Lebecq: Communication and exchange in northwest Europe, 2007

vordringenden Feudalordnung der christlichen Staaten „*ist es unter (den Skandinaviern) üblich, dass jegliche öffentliche Angelegenheit mehr durch den einhelligen Willen des Volkes als durch königliche Machtausübung entschieden wird.*", staunt der Biograf des Hamburger Bischofs Ansgar. So wurde es auch im englischen Danelag gehandhabt, bis zur Vereinnahmung durch die feudalen Normannen im 11. Jh.

Zur Wikingerzeit hatte Dublin laut Schätzungen zwischen 2000 und 4000 Einwohner. Seine Flotte mag ca. 50 - 100 Schiffe umfasst haben.[126] Archäologisch konnte ein großer Friedhof nachgewiesen werden. Dennoch war Dublins Lage weniger vorteilhaft als *Yorks*, der „wohlhabenderen Schwester". Während Letztere Hauptstadt eines ganzen Territoriums war (nämlich von „Dänisch *Northumbrien*"), besaß Dublin nur einen recht schmalen Streifen von Hinterland (ca. 50 km Radius), konnte sich also nicht so sehr ausdehnen und blieb weitgehend auf den Seehandel beschränkt.

In Dublin gedieh freilich nicht nur der Handel. Die *Ui Imair* empfingen an ihrem Hof Dichter und Skalden. Ein irischer Poet hatte so großes Gefallen erregt, dass er für sein Werk von König Olaf „Sandale" ein edles Pferd erhielt. Als ein isländischer Skalde vor seinem Sohn Sigtrygg Seidenbart[127] auftrat,

„*rief der König seinen Schatzmeister zu sich und sprach so: Wie*

---

126 Poul Holm: Viking Dublin, 2000
127 Regierte von 989 - 1036

hoch soll man das Gedicht lohnen? Jener versetzte: Wie hoch wollt Ihr, Herr? Wie findet Ihr es belohnt, sprach der König, wenn ich ihm zwei Handelsschiffe gebe? Das ist zu viel, Herr, entgegnete der Schatzmeister; andere Könige geben als Sangeslohn schöne Kleinodien, gute Schwerter oder Goldringe. Der König gab ihm sein Gewand von neuem Scharlach, einen mit Borte besetzten Rock, einen mit kostbarem Pelz verbrämten Mantel und einen Goldring, der ein halbes Pfund wog."[128]

Damit hatte König Sigtrygg den Poeten immer noch reicher belohnt als zuvor der englische König! Womöglich rührt sein Beiname „Seidenbart" daher, dass er seinen Wohlstand gern zeigte und ausgab. Obwohl er im Laufe seiner Regierungszeit immer wieder Federn lassen musste (in Form schmerzhafter Tribute an die Iren), erlebte Dublin in der ersten Hälfte des 11. Jh. seine Blütezeit. Dass das (für damalige Standards) hochmoderne Langschiff *Skuldelev* 2[129] um 1040 nahe oder in *Dublin* gebaut wurde, sagt so manches.

Der Königshof befand sich (wahrscheinlich) an der Stelle des heutigen Castle. Man darf sich natürlich kein Versailles vorstellen, eher rustikale Langhäuser mit Banketthalle nach skandinavischem Vorbild.

Natürlich beschränkt sich das archäologische Interesse nicht nur auf *Dublin*. Für *Limerick* konnte die Bodenforschung ermitteln, dass es gleichfalls eine

---

128 Aus „Saga von Gunnlaug Schlangenzunge"
129 Im Hafen von *Roskilde* ausgegraben

respektable Handelssiedlung war. Auch die anderen Wikingerplätze Irlands stehen nach wie vor im Zentrum archäologischer Auswertung, und es machten bereits zahlreiche Schatzfunde von sich reden.

Die Linie der *Ui Imair* setzte sich nicht allein in Irland fort: Ein Nachkomme regierte nach seiner Vertreibung vom Dubliner Thron im 11. Jahrhundert als König von *Rhinns* in *Galloway*. Der Name *Galloway* rührt übrigens her von dem gälischen Wort „gall" = Fremder, womit die wikingischen Kolonisten jener Regionen gemeint waren. In *Wales* stammten die Könige von Gwynedd von den *Ui Imair* ab.

Ein anderer bedeutender Zweig von Nachfahren scheint sich auf der *Isle of Man* etabliert zu haben: Bereits während des ersten Exils Anfang des 10. Jahrhunderts hatten sich Ivar-Enkel u.a. dorthin geflüchtet. Im Hochmittelalter florierte das sog. „Haus von Godred Crovan". Dieser Godred (= Godfrid) war zwischen 1072 und 1094 nochmals König von *Dublin*! Er scheint auch sonst eine charismatische Persönlichkeit gewesen zu sein, da er Eingang in die Sage gefunden hat. Sein Lebenslauf, so weit bekannt, hat wirklich Wikingerformat: 1066 kämpfte er an der Seite des norwegischen Königs Harald Hardradas (seines Schwiegervaters) auf dem Boden, den seine Ahnen erobert hatten – nämlich in *Northumbria*, in der Schlacht von *Stamford Bridge*, deren Ausgang Norwegens Ansprüche auf England freilich zunichte machte. Nach seiner Rückkehr in die Westliche See schuf er zunächst das

„Königreich von Man" und integrierte es dann in das „Inselkönigreich der südlichen Hebriden", altes Hoheitsgebiet der *Ui Imair*. Von Dauer sollte sich das von ihm dort eingeführte Rechtssystem erweisen.[130] Noch heute trägt das Parlament von *Man* den unverkennbar skandinavischen Namen *Tynwald*.

Die *Isle of Man* sollte sogar ein Jahrhundert länger unabhängige Bastion ferner *Ui Imair*-Abkommen bleiben als *Dublin*! Kurz bevor sie unter Schottlands Hoheit geriet, spielte sich dort ein filmreifes Drama ab – zwischen Godred Crovans Nachkommen König Reginald (Ragnald) sowie einem gewissen Ritter Ivar (der seinem Namen nach wohl ebenfalls *Ui Imair*-Blut hatte). Typisch hochmittelalterliche Sagen verknüpfen mit dem Konflikt ein Liebesdrama: Reginald soll Ivars Braut „beschlagnahmt" haben, woraufhin dieser blutige Vergeltung nahm. Nach anderen Quellen verliebte sich Reginalds Schwägerin in Ivar, dem sie zum Thron auf *Man* verhalf. Als König bot Ivar dem schottischen Zugriff auf *Man* geradezu heroischen Widerstand:

„Ivar war in der Blüte seiner Jahre, großzügig und beliebt, der Kühnste, der Tapferste, der Ausschweifendste und dennoch der Beste aller Einheimischen; einer, der Tugenden genug besaß, eine Nation zu retten, aber auch Laster genug, eine Nation zu vernichten... Entschlossen traf er Vorbereitungen zur Verteidigung seiner neu erworbenen Regierung... Obwohl zahlenmäßig (den

---

130 Ein Überblick über Godreds Laufbahn z. B. auf *tynwald.org.im*

216

Schotten) deutlich unterlegen (da jeglicher ausländischer Unterstützung beraubt), empfing er den Feind mit einer Entschlossenheit, die dem Volk von Man eigen ist. Er kämpfte mutig und fiel tapfer, zusammen mit den erlöschenden Freiheiten seines Landes."[131] So gedenkt die Insel-Tradition ihres letzten unabhängigen Herrschers, der den Namen des einstigen Begründers wikingischer Oberhoheit in der Irischen See trug! Die *Isle of Man* fiel 1270 an Schottland.

Zu jener Zeit hatten sich, trotz alledem, wikingische Abkömmlinge und schottische Clans längst vermischt. Der berühmte und weitverzweigte *MacDonald*-Clan beispielsweise führt sich auf einen Sohn Godred Crovans zurück. Was noch interessant ist: Aus dem Hoheitsgebiet der *Ui Imair* (Hebriden, Westschottland) stammen die berüchtigten *Galloglass*-Söldner, Nachfahren nordisch-gälischer Mischbevölkerung. Ab dem 13. Jahrhundert wurden diese u.a. mit der Streitaxt versierten Kämpen vornehmlich von irischen Clans angeworben, bis in die frühe Neuzeit. Ihre stattliche Erscheinung, Haarfrisur sowie Wildheit auf dem Schlachtfeld läßt das wikingische Erbe unverkennbar zutage treten.

Ein besonders skurriler *Ui-Imair*-Abkömmling präsentiert sich in Ivor O'Donovan, der im 13. Jahrhundert auf *Castle Ivor* im heutigen *County of Cork* residierte. Als Nachkommen der Ivar-Linie von *Limerick* hatte seine Sippe den Normannen frech Land entrissen, natürlich mit

---

131 *J. G. Cumming:* The Isle of Man, 1848

günstiger Anbindung an die See. „*Ivor war ein berühmter Händler und genießt nun im Volksglauben den Ruf eines Magiers, da man glaubt, er wäre verzaubert in einem See... nahe Castle Ivor, und dass sein magisches Schiff alle sieben Jahre zu sehen ist, voll betakelt... majestätisch auf der Wasseroberfläche dahingleitend. Ich habe jemanden eidlich bezeugen sehen, dass er das außerordentliche Spektakel im Jahr 1778 erlebt hat.*" So erzählte man es sich im Umfeld des O'Donovan-Clans. „*Er war ein großer Seemann, der es zu Profit brachte. Er baute eine ganze Schiffsflotte und hatte für sich selbst eine große Jacht... Als er starb, versank er selbst mitsamt der Jacht im See – immer wenn einer der O'Donovans im Sterben lag, konnte man das Schiff auf dem See umherfahren sehen. ... Er hielt außerdem irische Wolfshunde. Sie sind bei ihm im See.*"

Einmal Wikinger, immer Wikinger – auch noch nach Jahrhunderten schienen die Gene so stark, dass Ivor die typischen Wikingerstärken auslebte: Handel und Seefahrt. Den Sagen nach fand er offenbar sogar ein wikingerähnliches Schiffsbegräbnis. Und mit Schlangen hatte er auch zu tun! Als ihm Gefangene eines feindlichen Clans versprachen, ein gefährliches Nessie-Ungetüm in einem See zu beseitigen und es schafften, schenkte er ihnen die Freiheit![132]

Ivars Nachkommenschaft war also weitverzweigt und hielt in kleineren Herrschaftsgebieten über Jahrhunderte wichtige Positionen inne. „*Das ganze Ausmaß der Leistung und das sogar größere Ausmaß an Ehrgeiz sind atemberaubend. ...*

132 Wikipedia: „Imar Ua Donnubain"

Als eine in Dublin ansässige Königsdynastie regierten sie (mit kleineren Unterbrechungen) mehr als drei Jahrhunderte, weitaus länger als viele Dynastien – z. B. die Karolinger.", würdigt D. Dumville die Ui Imair.

Umso merkwürdiger: *„Die York-Dublin-Dynastie wurde in altnordischer Prosa-Tradition ebenso wenig gewürdigt wie in altnordischer Poetik. ... Sie war, aus unterschiedlichen Gründen, einfach nicht relevant für die Übermittler altnordischer literarischer Kultur. ... Keiner wünschte von ihnen abzustammen... Der klassische Weg für eine frühmittelalterliche barbarische Dynastie, im Gedächtnis zu bleiben, bestand natürlich darin, zum Christentum zu konvertieren...*"[133]

So, wie auch nur ein braves Kind einen Keks kriegt! Ich denke, hiermit ist die Frage beantwortet, wie es zu der völlig abstrusen Behauptung kam, Ivar hätte keine Nachkommen. Die mittlerweile längst christianisierten Isländer waren einfach zu bieder, um sich die Dubliner *Cosa Nostra* als Vorfahren anzutun, deren Anverwandter Halfdan seinerzeit Olafs des Weißen Erben gemeuchelt hatte! Und obendrein hatten sich Ivars Enkel bei der Rückeroberung Irlands dauerhaft gegen die „norwegische Fraktion" durchgesetzt. Fochten daher bei der Schlacht von *Brunanburh* (937) isländische Söldner auf der Seite der Engländer gegen die *Ui Imair* und ihre Verbündeten? Wurde deshalb Ragnald von *Orkney* in den Sagas zu einem Bruder des norwegischen Königs Harald umgestylt und ein „Ragnar Lodenhose" als

---

133 *M. Townend*: „Whatever happened to York Viking poetry?" in: Saga-Book of the Viking Society 27, 2003

Ahnherr Ivars und seiner Brüder hervorgezaubert, um genealogische Spuren zu verwischen?

Nur gut, dass man die Aussagen der penibel verfassten irischen Chroniken sowie Aufzeichnungen irischer und schottischer Clans hat! Und was erinnert heute noch speziell an die *Ui Imair* bzw. ihren Stammvater „Old Ivar" in *Dublin*? Zumindest „Ivar the Boneless Pillar" (Ivars Säule), 1986 verfertigt als Nachbildung eines sogenannten Langsteins, den die Dubliner zu einem unbekannten Zeitpunkt in der Hafeneinfahrt errichteten, als eine Art Markierung oder mehr noch als Machtsymbol (ähnlich einem Obelisken)? Ursprünglich wohl 12 - 14 Fuß hoch stand er bis in die frühe Neuzeit dort. Ähnliche Langsteine wurden sowohl auf den *Orkneys* als auch auf der *Isle of Man* gefunden. Eventuell waren sie somit eine „Spezialität" der Wikinger in der Westlichen See.

Ivars Grusel-Grab

Mit welchem Aufwand hohe Persönlichkeiten (Könige und Fürsten) im skandinavischen Kulturkreis zu Grabe getragen wurden, darüber geben schriftliche und archäologische Zeugnisse hinreichend Auskunft: Das ausgegrabene Oseberg- und Gokstad-Schiff waren einst Teil einer solch opulenten Bestattung für Angehörige der höchsten Aristokratie. Neben dem/der Verstorbenen fanden gewöhnlich (geopferte) Diener, Haustiere und kostbare Besitzstücke ihren Platz auf so einem Schiff, über dem dann ein imposanter Grabhügel aufgeschüttet wurde.

Auch in Übersee wurde bestattet wie in der Heimat, und man scheute da keinen Aufwand. Anfang des 10. Jahrhunderts wurde ein arabischer Botschafter Zeuge eines spektakulären Fürstenbegräbnisses warägischer Wikinger an der Wolga, von dem er einen anschaulichen Bericht lieferte. In diesem Falle wurde der Verstorbene mitsamt seinem Schiff verbrannt, was nicht immer so ablief, wie man am erhaltenen Oseberg- und Gokstad-Schiff sieht.

Glaubt man diversen Traditionen, so hatte König Ivar gar nicht (wie man erwartet) in Dublin seine letzte Ruhe gefunden. „Ragnars Saga" behauptet nämlich: *„Als Ivar auf seinem Sterbebett lag, sagte er, man solle ihn zu einem Platz bringen, an den Invasoren kommen könnten, und er sagte, er erwarte, dass sie bei ihrer Landung nicht den Sieg erringen* *würden. Als er seinen letzten Atemzug getan hatte, kam man seiner Forderung nach und ein Grabhügel wurde errichtet. Und viele Leute meinen, dass, als Harald der Harte nach England kam, er an der Stelle landete, wo Ivar bestattet worden war, und bei dieser Unternehmung fiel. Als aber Wilhelm der Bastard landete, kam er zu Ivars Hügel, riss ihn nieder und entdeckte, dass Ivar unverwest war. Dann ließ er einen großen Scheiterhaufen errichten und Ivar darauf verbrennen und errang danach den Sieg."*

Auch Ivars 878 in *Devon* gefallener Bruder Ubbe war unter so einem Grabmonument bestattet worden, das dann im Volksmund „Ubbes Hügel" hieß[134]. Um solche Gräber rankten sich oft Gruselstories. Die Saga verlegte Ivars Grab nach England, weil sie davon ausging, dass er in England gestorben sei. Für die nordische Nachwelt bestand keine Frage, dass der legendäre Eroberer Yorks auf englischem Boden bestattet war.

Harald Hardrada von Norwegen versuchte 1066, Wilhelm dem Eroberer zuvorkommend, sich Englands zu bemächtigen, und landete an der Küste von *Northumbrien*, scheiterte aber gegen den englischen König Harold und fiel. Wilhelm der Eroberer hatte, wie allgemein bekannt, mehr Glück - er jedoch marschierte, vom Ärmelkanal kommend, an der Südküste Englands an Land. Wo stand denn nun Ivars Grabhügel - doch wohl eher an *Northumbrias* Küste als im Süden, wo die Wikinger seinerzeit noch gar nicht Fuß gefasst hatten. Oder war Ivars

---

134 Siehe Kapitel „Der lange Kampf gegen Wessex"

Grabhügel (durch eine Magie) mobil, dass er sich immer an die Stelle verlagern konnte, wo gerade ein Invasionsheer landete??

Es gibt noch eine andere, etwas „realistischere" Version der Story: „(Harald der Harte und sein Heer) *erreichten Land und gingen in einem Distrikt namens Cleveland an Land. Der König fragte Jarl Tostig: 'Wie heißt der kleine Hügel da drüben nach Norden hin?' Tostig antwortete: 'Nicht jeder kleine Hügel hier trägt einen Namen.' Der König meinte: 'Aber dieser hat sicherlich einen Namen, also sag ihn mir.' Tostig (er stammte aus Northumbrien) erklärte: 'Das ist der Grabhügel von Ivar dem Knochenlosen.' Der König erwiderte: 'Es gibt wenige, die England erobert haben, die zuerst ihren Fuß an diesem Grabhügel an Land setzten.' Tostig sprach: 'Es ist bloßer Aberglaube, solche Dinge ernst zu nehmen.'"*[135]

Sie waren natürlich nicht in Cleveland, Ohio, gelandet, sondern in Cleveland, *Northumbrien!* Letzteres wäre eine überaus passende Lokalität gewesen für Ivars Grab – so hoch über der englischen Ostküste. Viel passender als über dem Ärmelkanal. Die Bewohner des Danelags hatten auf ihren „Schutzpatron" Ivar vertraut – so sehr, dass ihre Vorstellung sein Grab an verschiedene Stellen Englands verlegte. Man sieht daran, dass sein Ruhm noch durchs 11. Jahrhundert hindurch, bis in die Normannenzeit hinein, lebendig war, vor allem in *Northumbrien,* das er ja auch zuerst erobert hatte.

---

135 In „Hemings Saga", Island, 13. Jh.

Die Vermutung, Ivar wäre in England bestattet, hat in jüngster Zeit neue Nahrung erhalten: Durch spektakuläre Ausgrabungen in einem kleinen englischen Städtchen namens *Repton*. Im heutigen *Derbyshire* gelegen gehörte *Repton* im 9. Jahrhundert zum Königreich *Mercia*. Dort befand sich eine Grablege der Könige von *Mercia*. Während der Integration *Mercias* in die wikingisch beherrschten Gebiete 873/4 hatte das Große Heer unter Halfdans Befehl sein Winterlager in *Repton* aufgeschlagen, wie das „Anglo-Saxon Chronicle" kundtut.

Von den 1970er bis zu den 1990er Jahren wurden in *Repton* rund um die Kirche aufwendige Ausgrabungen durchgeführt, die einige Einzelgräber sowie ein „Massengrab" in einer Art Mausoleum zutage förderten. Neueste Untersuchungen von sterblichen Überresten sowie Fundstücken ergeben eindeutig eine Datierung in die Wikingerzeit, genauer: In die Jahre um 870. Somit brachte man die Ergebnisse rasch mit dem Winterlager des Großen Heeres in Verbindung. Höchstes Interesse erregte dabei ein „zentrales Begräbnis" in den Überresten eines Mausoleum-ähnlichen Steinbaus, über dem sich einstmals ein künstlich aufgeschütteter Hügel befand!

Aufmerksamkeit hatte das Gelände bereits vor über 300 Jahren gefunden. Dazu existiert ein spannender „Entdeckungsbericht", und zwar von einem Arbeiter namens Thomas Walker, der um 1685 den Grabhügel in *Repton* geöffnet hatte, mit dem Auftrag, die Grablege von *Mercias* Königen zu untersuchen: „*... nahe der Erdoberfläche* *stieß er auf eine alte Steinmauer; ... er fand heraus, dass es eine quadratische Umfriedung von 15 Fuß war. Sie war bedeckt gewesen, aber die Decke war verrottet und eingestürzt, da sie nur von hölzernen Streben gestützt worden war. Darin fand er einen Steinsarkophag; als er unter Schwierigkeiten den Deckel wegrückte, sah er das Skelett eines menschlichen Körpers, neun Fuß groß (!), und darum lagen 100 menschliche Skelette, deren Füße zu dem Steinsarkophag wiesen. ... Den Kopf des großen Skeletts gab er Mr Bowers, dem Rektor der Freien Schule. Dessen Sohn erinnert sich an den in der Kammer seines Vaters aufbewahrten Schädel und daran, dass er seinen Vater oft diesen gigantischen Körper hatte erwähnen hören, und er denkt, dass der Schädel zu einem Körper von solchen Ausmaßen passte. Der Boden des Grabraums war mit roten flachen Steinen ausgelegt, und in der Mauer befand sich ein Türsturz, mit hinabführenden Stufen.*"[136]

Damals wurde Archäologie natürlich noch nicht mit der gebotenen Sorgfalt betrieben. So sind unschätzbare Geschichtszeugnisse und Daten verlorengegangen. Außerdem wurde in späterer Zeit in dem Mausoleum erneut rumgebuddelt, was es für die moderne Archäologie nicht leichter macht. Immerhin hat man einen anschaulichen Bericht von der damaligen spektakulären Entdeckung. Da war offenbar ein Riese (9 Fuß entspricht 2.70 m!) mit allen Ehren zur letzten Ruhe gebettet

---

136 *Degge, S*: „An account of an human skeleton", in: Philosophical Transactions 35, 1727

worden.[137] Beglaubigt wurde die Sensation von mehreren damaligen Augenzeugen, die eigens nachmaßen. Die Grabkammer war mit einer Schicht roten Mergels ausgelegt. Um den Sarkophag waren die Überreste von sogar über 250 Leichen (80% Männer mit nachweisbaren Kampfverletzungen) gruppiert. *„Der Grabhügel wurde mit einem aufwendigen Ritual geschlossen, das ganz klar eher heidnisch als christlich war. Dieses Ritual beinhaltete den Gebrauch von Gruben für Opfergaben und die Schaffung eines gekennzeichneten Areals über der Grablege. Es fanden wahrscheinlich Menschenopfer statt.“*, erklärt Ausgrabungsleiter Biddle.

Das riecht nach einer hochkarätigen wikingischen Bestattung. *„Keine vergleichbare Grabstelle ist bekannt,“* fährt *Prof. Biddle fort. „weil dieses Begräbnis so weitaus aufwendiger ist als irgendein anderes aus der Wikingerzeit bekanntes, so ganz anders als die Schiffsbestattungen aus Skandinavien. Der bestattete Mann wurde als ein Heide beigesetzt, umgeben von einer großen Gefolgschaft von Männern und einigen Frauen. In diesem Sinne wurde derjenige in dem zentralen Grab entweder als Anführer oder als Sieger bestattet.“*

Da das wikingische Winterlager in *Repton* in die Zeit kurz nach König Ivars Tod (873) fällt, kombinierte man: Er war die prominente Person, die in *Repton* ihre letzte Ruhe fand, unter einem Grabhügel, in einem alten Mausoleum, das vorher den Königen von *Mercia* vorbehalten gewesen war.

---

137 Siehe auch Kapitel „Der Fluch"; der größte bislang bezeugte Mensch der Neuzeit, Amerikaner Wadlow, maß 2.72m

Mit solcher Vereinnahmung der königlichen Grablege hätten die Wikinger ihre Überlegenheit über den (ohnehin ins Exil geflohenen) König von *Mercia* kundgetan. Und wer sonst außer Ivar hätte in Frage kommen können – da die anderen Fürsten des Großen Heeres Halfdan und Ubbe zu der Zeit noch lebten, sonstige Anführer in früheren Jahren gefallen waren?

Nun war Ivar zu jener Zeit aber nicht mehr Befehlshaber des Großen Heeres, sondern nachweislich in *Dublin* verstorben. Seine Familie war nun einmal in *Dublin* beheimatet; andernfalls hätte Ivar einen Thron in *York* oder *Mercia* beansprucht. Was hatte er also in der alten Grablege der Könige von *Mercia* verloren? Wäre nicht allein die Überführung seiner sterblichen Überreste aus Irland bis nach *Repton* eine sehr aufwendige Prozedur gewesen?

Solch eine Identifikation wäre absolut spektakulär (zumal man endlich den Nachweis hätte, dass Ivar doch nicht knochenlos war!). Und passt die enorme Größe des Skeletts nicht zur Beschreibung von „Ragnars Saga"? „*Er war so hoch gewachsen, dass keiner an ihn heranreichte.*" Nun machten die Sagas ihre Helden gern zu Giganten – so behauptete man über Herzog Rollo von der Normandie, kein Pferd hätte ihn tragen können. Anzumerken wäre noch, dass im 17. sowie 18. Jahrhundert angebliche Entdeckungen gigantischer Skelette immer wieder für Furore sorgten, von denen die meisten sich nicht mehr beglaubigen lassen – wie der Gigant von *Repton*. Also eher sensationslüsterne

Übertreibung?

Immerhin wäre da der beglaubigte Fund des Riesen von *Burgh Castle* – wohl eines 2.20m großen Sachsen aus dem 7. Jahrhundert, der substantiell vorhanden ist. Der bei seiner Interviewung immerhin bereits 88jährige Thomas Walker könnte mit seiner Angabe von neun Fuß Größe übertrieben haben – ansonsten wurden seine Angaben durch die jüngsten Grabungen ja bestätigt.

Nicht bloß weil die skandinavischen Sagas so leidenschaftlich für Ivars Grab auf englischem Boden votieren: Vielleicht ist es doch nicht ganz abwegig, dass er letztendlich nach England, zum Großen Heer überführt wurde – auch wenn es auf den ersten Blick absurd erscheint. Wie bereits erläutert, war Ivar *„König über alle in Irland und Britannien lebenden Nordleute".* Seine Nachfolge auf dem Dubliner Thron trat allerdings Olafs Sohn Oistin an.[138] Da es nach seinem Tod eine Nachfolgekrise gegeben zu haben scheint und seine Söhne erst viele Jahre später in Erscheinung treten, könnten Ivars Hinterbliebene verfügt haben, ihn in England zur letzten Ruhe zu betten. Ebenso gut könnte man ihn später umgebettet haben – auch solche Prozeduren ließen sich in skandinavischen Grabmonumenten nachweisen. Immerhin war ja sein Bruder Halfdan um 875 in Dublin, der möglicherweise solches veranlasst hatte. Viel später danach scheidet aus, da die Archäologen das gesamte Bestattungsszenario in die Zeit um 875 datieren.

---

138 Siehe Kapitel „Ivars Erben"

Ivars Grab hätte sich in diesem Fall im jüngst wikingisch eroberten Gebiet befunden, dem künftigen Danelag; unweit von *Nottingham*, wo er 868 eine von *Wessex* und *Mercia* gemeinsam geführte Belagerung souverän „ausgesessen" hatte[139]. Man könnte es somit als „Gedenkmonument" der Landnahmezeit ansehen – zwar nicht an einer Küste errichtet, jedoch immerhin hoch über dem Fluss *Trent*, einer natürlichen Nord-Süd-Grenzlinie Englands. Und da es sich außerdem um eine alte Königsgrablege handelt, war hier auf jeden Fall ein König des Großen Heeres bestattet – wenn nicht Ivar, dann einer der anderen (angeblich) neun Könige...

Wilhelm der Eroberer hat demnach nicht den Knochenlosen in seiner Grabruhe gestört. Stattdessen hatte der Normannenherzog nach der Eroberung *Northumbriens* um 1070 die Gebeine des Heiligen Cuthbert in *Durham*, dem mächtigsten religiösen Zentrum des Nordens, in Augenschein genommen – weil er angeblich nicht glauben mochte, dass der Heilige völlig unverwest war! Für diesen Zweifel strafte Cuthbert ihn auf der Stelle mit einem Fieber, woraufhin William wie von der Tarantel gestochen das Weite gesucht haben soll. Wer das glaubt, soll selig werden. Dass aber die Danelag-Bewohner den unverwesten Heiligen dreist in einen unverwesten Ivar verwandelten, mutet arg ketzerisch an – denn nicht zu verwesen war nur ein Vorrecht von Heiligen!

Vielleicht sollte man die Story vom Aufstöbern und

---

139 Kapitel „Zweiter Akt: Nottingham"

Verbrennen des unverwesten Ivar unter einem symbolischen Aspekt betrachten: Wilhelm der Eroberer hatte das einst von Ivar eroberte und von seinen Gefolgsleuten kolonisierte südliche *Northumbria* in der Tat „verbrannt", hatte aus jener prosperierenden Region des Danelag einen Ort der Verwüstung gemacht. Da hatte auch die Schutzmacht von Ivars Grab nichts bewirkt – im Bewusstsein der Danelag-Bewohner. Wie bereits an früherer Stelle angeschnitten[140], kann man diese Vorgänge nicht allein Wilhelm anlasten. Unablässige Aufstände und Unruhen im Norden hatten ihn zu dieser rigorosen Aktion genötigt. Aber das ist ein geschichtliches Kapitel, das eine aufmerksame Betrachtung ganz für sich verdient. Nach jenen traumatischen Ereignissen mögen die Wikingergründer in einem besonders verklärten Licht erschienen sein, genau wie die jäh beendete Blütezeit des Danelag zwischen 900 und 1070.

---

140 Siehe Kapitel „Die wikingische Landnahme"

Der mysteriöse Ivar Weitgreifer

Noch rätselhafter als die Identität Ragnar Lodbroks ist die seines angeblichen wahrhaft kolossalen Urahnen Ivar „des Weitausgreifenden" (=Vidfamne). Wer war denn nun dieser Gigant, der - den nordischen Sagas zufolge - ein frühes skandinavisches Riesenreich begründet haben soll?

Besagtes Reich erstreckte sich sage und schreibe von Nordengland bis hinein nach Russland! Von seiner Herrschaftsbasis in *Schonen* aus soll Ivar „Weitgreifer" nach und nach Dänemark, Norwegen, Nordsachsen, ja sogar *Northumbrien* sowie Westrussland eingesogen bzw. tributpflichtig gemacht haben. Ein ähnlicher Tatenkatalog, wie man ihn dem heroischen Ragnar, seinem Ur-Ur-Enkel zuschreibt.

Das Problem: Historische Quellen kennen diesen Ivar gar nicht. Solch ein „Imperialist" wäre doch in zeitgenössischen Annalen zumindest mal erwähnt worden. Als Eroberer nordsächsischer Territorien hätte er etwa merowingerzeitlichen Chronisten auffallen müssen.

Aufschlussreich ist, was die Sagas über seinen Charakter vermerken: Wenngleich erfolgreicher Potentat, tritt Ivar „Weitgreifer" leider als menschliches Ekelpaket auf - als Größenwahnsinniger, der dann schließlich von dem als sein Pflegevater Hord getarnten Odin persönlich gestoppt werden muss. Sozusagen eine frühe Ausgabe von Napoleon, zumal dieser Ivar auch noch einen Russlandfeldzug plant, der dann aber – Gottseidank – durch seinen Tod vereitelt wird! Allerdings kann Napoleon beim besten Willen nicht Pate gestanden haben für den „Weitgreifer"; es sei denn, die nordischen Sagadichter hätten prophetisch in die ferne Zukunft geschaut...

Neben seinem Größenwahn ist der „Weitgreifer" vor allem ein schlechter Vater, dem keine Partie für seine einzige Tochter gut genug scheint – weshalb er seine Schwiegersöhne mittels perfider Intrigen entsorgt, um ihr Herrschaftsgebiet an sich zu reißen. Das treibt seine Tochter schließlich in die Arme des wikingischen Herrschers von Russland, der sich dann gegen den Einmarsch Ivars wappnen muss.

In *Saxo Grammaticus'* „Taten der Dänen" sucht man den „Weitgreifer" vergebens. Vielleicht hatte schon *Saxo* – trotz seiner Vorliebe für Fabulöses – so seine Zweifel an dessen geschichtlicher Authentizität. Im Laufe dieser Untersuchung wurde ja bereits verschiedentlich veranschaulicht, welche Vorsicht bei der blühenden Phantasie nordischer Sagas geboten ist. Gewiss: Ausschließen läßt sich nicht, dass einige Generationen vor Ivar dem Knochenlosen ein Vorfahre desselben Namens agierte, der auch von sich reden machte. Eventuell mit aggressiven Kriegszügen durch skandinavische Gefilde.

Ansonsten kommt man nicht umhin, manche Parallelen zu Ivar dem Knochenlosen zu ziehen. Auffälligste

Übereinstimmung ist natürlich die behauptete Herrschaft über *Northumbrien*. Letzteres hat – nach der angelsächsischen Invasion – nachweislich erst unser Ivar erobert. Und würde der Name „Weitgreifer" nicht überhaupt auch zu ihm passen, nach dem Umfang seiner Unternehmungen, die das „Danelag" begründeten sowie mit den irischen Handelsplätzen verlinkten?

A propos Größenwahn: Der wurde Ivar dem Knochenlosen doch ebenfalls vorgeworfen – nämlich im „Martyrium des Heiligen Edmund", wo Ivar als „machtgieriger Tyrann" stigmatisiert wird! Dass Odin-Hord als Ziehvater des „Weitgreifers" auftritt, passt zu Ivars offenbar intensiver Odins-Verehrung. Allerdings sieht sich Odin gezwungen, dem „Weitgreifer" Grenzen zu setzen und ihn in die Anderswelt zu geleiten (bevor auch noch Russland dran glauben muss).

Russland seinerseits verrät die Verknüpfung mit noch zwei weiteren historisch bedeutsamen Ivaren: Zum einen mit Igor, Sohn Ruriks und nachmaligem Großfürst von *Kiew* (ab etwa 913 – 945). Außerdem mit Ingvar „dem Weitgereisten", der im 11. Jahrhundert eine spektakuläre Expedition von Schweden nach Südrussland unternahm, angeblich bis Persien; davon künden nicht nur Sagas, sondern auch eine Reihe von Runensteinen, aufgestellt für Teilnehmer der Expedition, die nicht zurückkehrten. Dass man „dem Weitgereisten" rückblickend maßlosen Größenwahn unterstellte, ist nicht weit hergeholt – denn angeblich kehrte von seiner gewaltigen Expedition nur ein einziger Überlebender zurück...

Wenn man diese drei Ivare addiert, hat man tatsächlich einen „Weitgreifer"! Im 12./13. Jahrhundert konnte man jene drei berühmten Wikingerkönige leicht verschmelzen. Übrigens ist das Kiewer Reich („Gardariki") als neue Heimat der exilierten Tochter des „Weitgreifers" tatsächlich genannt; das heißt, man stellte sogar einen verwandtschaftlichen Bezug zwischen den verschiedenen Ivaren her, der zumindest im Falle von Ivar dem Knochenlosen und Igors Vorfahren nicht abwegig ist.

Aufschlussreich ist weiterhin: Der Vater des „Weitgreifers" heißt Halfdan – genauso wie möglicherweise Ivars Großvater[141]. Dann gibt es noch einen Onkel namens Godfrid – und auch dieser Name taucht unter Ivars Nachkommen auf. Erste Ruhmestat des „Weitgreifers" ist übrigens Rache für die Ermordung seines Vaters und Onkels – also wieder ein dominantes Rachemotiv! Außerdem wird er mit der Herrschaft über *Seeland* verbunden, wie Ivar in seiner Jugend[142].

Und nun höre man, womit der Pflegevater seinen maßlosen Ziehsohn vergleicht: Mit der Midgardschlange, dem furchterregenden Monster der nordischen Mythologie! Ganz schön heftig! Da kommt einem doch in den Sinn, was andere Sagas zu Ivars Knochenlosigkeit sagen: dass er sich *„schlangenähnlich bewegte"* („Hattalykill"). Das führt zu

---

141 Kapitel „Wer war Ragnar Lodbrok?"
142 Kapitel: „Das Wikinger-Syndikat"

einer Deutung des Beinamens „Beinlausi", die bisher noch nicht erörtert wurde: „Beinlos" war und ist in der nordischen Sprache auch eine Metapher für – die Schlange! Durchaus passend für Ivar, der sich (den Sagas zufolge) wie eine Schlange in König Aellas Vertrauen einschlich – ebenso für den „Weitgreifer", der durchtrieben alle Gegner aus dem Weg räumte.

Liegt also in Wirklichkeit diese Schlangen-Metapher Ivars Beinamen zugrunde? Ein Bild, das sich eher auf seinen Charakter bezog als einen körperlichen Makel? Es muss ursprünglich gar keine rein negative Konnotation gehabt haben, da eine „Dämonisierung" der Schlange bekanntermaßen Produkt der Christianisierung war. Nach heidnischer Auffassung stand dieses Krafttier zunächst mal für List sowie das Geheimnisvolle.

Auf den *Hebriden* (dem Herrschaftsbereich von Ivars Nachkommen) ist „Ivars Tochter" eine Metapher für Schlangen (oder Nesselpflanzen). Schlangen sind zudem *„speziell verbunden mit dem Clan-Iver, ein weiteres Beispiel für nordische Vorstellungen".*[143] Als ein Mitglied dieses Clans einer Legende zufolge zusammen mit einer Schlange geboren wurde, verkündete diese: *„Ich werde Ivars Geschlecht nichts tun. Und Ivars Geschlecht wird mir nichts tun."*[144] Also ein Pakt zwischen wikingischen Nachkommen und Schlangen!

---

143 *Celtic Monthly*, 1909
144 *Scots Magazine*, 1934

Wir hatten ja gesehen, dass es im Ragnar-Sagenkreis von Schlangen nur so wimmelt, und dass die Nordlichter ein wahres Faible für Reptilien hatten (wie sich in künstlerischen Darstellungen verrät). Da war nicht nur Ivars Bruder Sigurd „Schlangenauge"; oder die Schlangen, die Ragnar töteten; da war sogar eine historische Schlange: Nämlich Orm (=Wurm), Sieger über die irischen Norweger bei *Carlingford Lough!*[145]

Zusammenfassend wäre zu sagen: Die Sagentradition um Ivar „Weitgreifer" sollte unbedingt mit berücksichtigt werden, wenn man sich mit Ivar dem Knochenlosen befasst.

---

145 Kapitel „Ragnald von Orkney"

Epilog

Hätten wir Ivars des Knochenlosen Biografie nur anhand der zweifellos unterhaltsamen skandinavischen Sagas betrachtet, so wäre seine bedeutendste Leistung nicht vollständig zutage getreten: Statt jahrelang auf Rache zu sinnen und brüllende Kühe zu morden, hatte dieser Lodbrok-Sohn den entscheidenden Anstoß gegeben nicht nur zur Schaffung des künftigen Danelags in England (die einstigen Königreiche *Northumbrien*, Nord-*Mercia* sowie *Ostangeln* umfassend), sondern – gemeinsam mit so bedeutenden Seekönigen wie Olaf dem Weißen – zum Aufbau der Handelspartnerschaft *Dublin - York*.

Dieser „Neuaufbruch" in oben genannten englischen Regionen sowie an der irischen Ostküste wird eindrucksvoll durch die Ergebnisse der Archäologie bestätigt. Der Mythos des von den Lodbrok-Söhnen geführten riesigen Invasionsheeres als „Zerstörungsmaschine" wird sowohl durch Archäologie als auch sorgfältiges Quellenstudium widerlegt. Diese Wikinger kamen mit dem festen Ziel, als Kolonisatoren zu bleiben, und sie machten sehr viel daraus. Die Zeiten der Überraschungsangriffe und saisonalen Plünderzüge waren vorbei, als Ivar in alles „System brachte" und mit einer klaren Vision im Kopf ein bislang nicht dagewesenes Aufgebot nach England dirigierte. Die Neugestaltung der Zuwanderer setzte Impulse, von denen das ganze Land profitierte.

Denn wenn man sich nochmal an die verblüffenden Ergebnisse der Bodenforschung erinnert[146], die beinahe den Eindruck vermitteln, als wäre das Große Heer in ein Vakuum vorgestoßen: Keine florierenden Stadtzentren, offenbar nur bescheidene Agrikultur – ein seit dem Abzug der Römer augenscheinlich verödetes Land. Die Römer hatten die Wohnung immerhin besenrein verlassen – und die längst fällige Renovierung (nach über 4 Jahrhunderten)? Jetzt versteht man die Andeutungen in manchen Quellen, den Wikingern wären hier und da die Türen geöffnet worden. Irgendwie verständlich – sie brachten ja innerhalb weniger Jahre wirtschaftlichen Aufschwung! Und man kann davon ausgehen, dass Ivar & Company von diesen Zuständen wussten, bevor sie den Fuß ins Land gesetzt hatten – durch ihre Handelskontakte. Kein Wunder, dass sie sich die Hände leckten und den Kolonisierungsplan ganz oben auf die Tagesordnung setzten.

Wenn man Ivars Aktion in einen größeren historischen Kontext stellt, so fällt sie in die Hauptphase wikingischer Expansion: Nahezu gleichzeitig, nämlich um 862 begründete ein gewisser Rurik im Osten *Nowgorod*, die „neue Siedlung". Ruriks in den 70er Jahren (?) geborener Sohn, künftig erster Großfürst von Kiew, trug auch den Namen Ivar (was dann zu Igor wurde). Diese Namensgebung ist vielleicht kein Zufall, und es ist nicht ausgeschlossen, dass jener Rurik (Hroerek) mit Ivars Sippe in irgendeiner verwandtschaftlichen Beziehung stand.

---

146 Siehe Kapitel „Die skandinavische Landnahme"

Durch ihre weitverzweigten Netzwerke konnten sich Wikingerführer über ihre „Projekte" austauschen, und so wäre es nicht undenkbar, dass Rurik nach Osten ausbaute, was Ivar und sein Verband nach Westen hin fortsetzten – eine gigantische Ost-West-Handelsachse! Die „Chronik von Roskilde" präsentiert Ivar in der Tat als eine Art „Global Player", indem sie behauptet, dass er *„seine Flotte mit neun Nordkönigen teilte und einige Könige ins Frankenreich dirigierte, andere ins Ostfrankenreich"*; dass *„er die dänischen Könige zusammentrommelte zur Vernichtung des Frankenreichs!"* Eine ganz schöne Unterstellung - auch wenn das übertrieben ist, so spiegelt sich darin doch die Bedeutung dieses Wikingerkönigs als *commander-in-chief* eines Riesenheeres und Gestalter von Großprojekten wider. Mindestens zwei seiner Brüder heizten den Karolingern jahrzehntelang ein, und *Saxo* deutet an, er hätte gar beim Sturz von König Horik (um 854) entscheidend mitgewirkt. Man hat immerhin bezeugt, dass mehrere Wikingerflotten eine Liga gegen den frankenfreundlichen Dänenkönig bildeten, und da Ivar für diese Zeit in Quellen nicht auftaucht, mag er in den Umsturz involviert gewesen sein. In jedem Fall dominierte sein Bruder Ubbe das handelspolitisch bedeutsame Scheldegebiet, das neben großen Teilen der friesischen Küste lange unter wikingischer Kontrolle (und bis ins 11. Jh. heidnisch geprägt) bleiben sollte. Nordsee und Ostsee waren somit um die Mitte des 9. Jh. klar wikingisches Hoheitsgebiet; die Dominanz des karolingischen Imperiums erheblich gedämpft.

Wie von den Sagas angedeutet, führten wohl auch auf dänischem Boden schließlich Angehörige oder zumindest Parteigänger des Lodbrok-Syndikats das Zepter: *„Nun war außer den Söhnen des Ragnar der königliche Stamm fast ausgerottet."*, informiert *Saxo*. Horik II, fast noch ein Kind, war offenbar nicht mehr als eine Marionette, und hinter jenem König Siegfried um 870 verbirgt sich möglicherweise Sigurd Schlangenauge. Die Ära der „Lodbrok-Söhne" - man kann sie sehr wohl als „Wikinger-Klassik" bezeichnen. *„Allen, die mit Ragnars Söhnen unterwegs gewesen waren, erschien es, dass kein anderer Seekönig einen Vergleich mit ihnen wert war."*, schwärmt „Ragnars Saga".

Es war genau die Zeit, als historisch greifbare Charaktere die mythischen Helden ablösten. Dabei tritt Ivar als „atypischer Wikinger" hervor – ein kühler Logiker und Kalkulator, der lieber einmal zu lange überlegte, als blindlings drauflos zu stürmen. Es wäre ihm zuzutrauen, dass er den Tod seines Vaters mit einer Forderung von Wergeld regelte, wie es damals möglich war, anstatt Blutrache zu üben nach altem heroischem Brauch. Ivar ähnelt mehr einem modernen Konzernchef, der ergebnisorientiert und effizient vorgeht, anstatt sich um Heldentod und Reise nach Walhall zu scheren. Dennoch blieb er seiner heidnischen Religion treu. Man merkt es den Sagas an, welche Schwierigkeiten sie mit diesem komplexen Charakter hatten – so bauten sie um ihn eine Rache-Story, die historisch hinten und vorne nicht stimmig ist und ihn eiskälter aussehen läßt, als er war.

„Ingwar stach durch gewaltigen Scharfsinn hervor.", würdigte noch *Henry von Huntingdon* im 12. Jahrhundert. *„Niemand konnte sich ausmalen, welche Art von Strategie er gerade ersann."*, erzählte „Ragnars Saga" um dieselbe Zeit. Doch nicht nur der scharfsinnige Stratege lebte in der Saga fort, sondern auch der übersinnliche Magier, der in Gestalt eines weißen Bären seinen Brüdern am Vorabend der Schlacht an der *Dyle* (891) gegen Kaiser Arnulf eine schwere Niederlage prophezeite.

Als *Saxo Grammaticus*, hochgebildeter Geistlicher, immerhin im Auftrag des Bischofs von *Lund* sein Mammutwerk „Taten der Dänen" herausgab, ließ er auf Ivar, die „Geißel Englands", nichts kommen, und spätere dänische Geschichtswerke machten ihn auf dieser Grundlage gar zum regulären König von Dänemark. Hätte *Saxo* nicht um seinen guten Ruf fürchten müssen, vor allem um seine Stellung in der bischöflichen Entourage? Zumal Chroniken bis in seine Zeit König Ivar nahezu unisono als „Grausamsten" titulierten. Offenbar besaß *Saxo* Zugang zu Traditionen, die des Knochenlosen Andenken unbeirrt ehrten, und von denen man heute nurmehr Spuren vorfindet...

Zeittafel:

Ende des 8. Jh.:	Verstärkung des **Danewerks**
808:	Gründung des Handelsplatzes **Haithabu** an der Schlei
810:	Tod **König Godfrids** von Haithabu
810 – 814:	dänische Nachfolgekrise
814:	Tod Karls des Großen
nach 840:	Gründung **Dublins** als wikingischer Hafenplatz
	Herrschaft des Norwegers **Thorgils** über große Teile Irlands
844:	Wikingerzug nach Andalusien
845:	Überfall auf Paris durch Ragnar
	Eine muslimische Gesandtschaft aus Cordoba besucht (wahrscheinlich) König Thorgils Hof in Irland
um 847:	dauerhafte Besetzung der *Orkneys* und *Hebriden* durch

	Wikinger
um 850:	dänische Wikinger (Ragnalds Gefolge?) treten zu norwegischen Wikingern in Irland in Konkurrenz
852:	Seeschlacht von **Carlingford Lough**; Sieg Horms und der „Dänen" über die Norweger
853:	Ankunft **Olafs des Weißen** in Dublin
ca. 854:	Tod Ragnalds (an schottischer Ostküste?)
	Wikinger schließen sich gegen König Horik zusammen, der gegen sie in Dänemark fällt
859/60	Wikingerzug nach Mauretanien
857 - 863:	Olaf und Ivar kämpfen gegen den irischen Hochkönig
ca. 862:	Wikinger **Rurik** (Hroerek) gründet Nowgorod
865:	Das Große Heer beginnt seine Invasion Englands
866:	Das Große Heer besetzt **York** (im November)

867:	Die Wikinger schlagen die Northumbrier beim Versuch, York zurückzuerobern; Tod **König Aellas**
868:	Einmarsch nach Mercia; Belagerung von **Nottingham** durch Sachsen und Waffenstillstand
869:	Invasion von Ostangeln; Hinrichtung **König Edmunds** (November)
870:	Ivar vereinigt sich mit Olaf am Clyde; Eroberung der britonischen Festung **Dumbarton**
871:	Ivar und Olaf kehren nach Dublin zurück
	Halfdan führt das Große Heer gegen **König Alfred** von Wessex
873:	Tod Ivars in Dublin
874:	Abschluss der Eroberung Mercias/ Aufenthalt des Heeres in **Repton**/Derbyshire
875:	Halfdan zieht nach Dublin; Ermordung von Olafs Sohn **Oistin**

244

876:	Beginn der skandinavischen Besiedelung Northumbriens und Mercias
877:	Zweiter Zug Halfdans nach Irland; sein Tod im Seekampf
878:	Sieg König Alfreds über das Große Heer bei **Edington**; Taufe Jarl Guthrums
	Tod **Ubbes** beim Einfall in Devonshire
	Beginn der skandinavischen Kolonisation Ostangelns
902:	Vertreibung von Ivars Nachkommen aus Dublin
917:	**Sigtrygg „Einauge"** erobert Dublins Thron zurück
919 – 921:	**Ragnald** König von York
939:	Niederlage von **Olaf „dem Roten"** gegen Athelstan von Wessex in der Schlacht von Brunanburgh
954:	Ivars Nachkommen verlieren die Herrschaft über York an den englischen König
ca. 990 – 1013:	Erneute Wikingerangriffe auf

	Südengland (u. a. unter Führung von König Sven Gabelbart)
1002:	„St. Brice-Massaker" an Dänen in südenglischen Städten (auf Anordnung Königs Ethelreds)
1014:	Sieg des irischen Königs **Brian Boru** über die Könige von Dublin bei **Clontarf**
1016 – 1035:	Herrschaft **Knuts des Großen** über England
1066:	**Harald Hardrada** von Norwegen scheitert beim Versuch, in Northumbrien einzumarschieren
	Im Oktober startet **Wilhelm der Eroberer** seine Invasion Englands
1170:	Der letzte skandinavische König von Dublin **Ascall** wird von den Engländern hingerichtet
1270:	Die skandinavisch regierte Isle of Man wird von den Schotten erobert

Zu den benutzten Quellenwerken:

Abbo von Fleury:	Fränkischer Gelehrter, Verfasser des „Martyriums des Heiligen Edmund" im Jahr 987 während seines Englandaufenthaltes
Adam von Bremen:	Domherr von Bremen; Verfasser der „Hamburgischen Kirchengeschichte" um 1075
Aethelweard:	Nachkomme der Könige von Wessex; Verfasser einer lateinischen Chronik der englischen Geschichte Ende des 10. Jh.
Angelsächsische Chronik:	Ab Ende des 9. Jh. in altenglischer Sprache im Königreich Wessex verfasst
Annals of Lindisfarne:	Im 12. Jh. in Nordengland verfasste Annalen
Annals of St. Neot's:	Lateinische Chronik, in Bury St. Edmund's (Ostangeln) im 12. Jh. verfasst
Annals of Ulster:	Basierend auf mündlichen Traditionen und älteren Chroniken im 15. Jh. in

irischer Sprache kompiliert

Asser: Walisischer Mönch und Bischof; Verfasser einer frühmittelalterlichen Biografie über König Alfred

Chronik von Roskilde: Dänische Chronik aus dem 12. Jh.

Cogadh Gaedhel re Gallaib: „Der Krieg der Iren mit den Ausländern": Verfasst im 12. Jh.; berichtet über die Kämpfe der Iren gegen die Wikinger bis zur Schlacht von Clontarf

Fragmentary Annals of Ireland: Auch „Drei Fragmente"; aufgezeichnet im 11. Jh. im Königreich Osreighe (Ossory) mit zahlreichen legendenhaften Exkursen

Geffrei Gaimar: Anglo-normannischer Chronist des 12. Jh.; verfasste eine „Geschichte der Engländer", die viel Anekdotisches enthält

Gerald von Wales: Archidiakon; im 12. Jh. Autor zahlreicher Werke, u.a. über Geschichte und Topografie Irlands (mit zahlreichen Anekdoten)

Hattalykill:	Ein auf den Orkneys im 12. Jh. verfasstes altnordisches Gedicht, das Heldensagen beinhaltet und sich u.a. der Ragnar-Sage widmet (nur teilweise erhalten)
Henry of Huntingdon:	Anglo-normannischer Geschichtsschreiber des 12. Jh.
John of Brompton:	Chronist des 15. Jh. aus Yorkshire; sein „Chronicon" enthält zahlreiche legendenhafte Ausschmückungen
John of Wallingford:	Englischer Benediktinermönch und Verfasser einer Chronik (13. Jh.)
Krákumál:	Das (wohl auf den Orkneys) im 12. Jh. verfasste sog. „Totenlied Ragnars", 29 Strophen lang
Ragnars Saga:	Im 13. Jh. auf Island verfasst; erzählt nicht nur Ragnar Lodbroks Taten, sondern auch die seiner Söhne; die ausführlichste Saga aus dem Ragnar-Sagenkreis

Die Sage von Ragnars Söhnen: Ebenfalls auf Island verfasst

	(im 14. Jh.); erzählt in kürzerem Umfang die Abenteuer Ragnars und seiner Söhne
Saxo Grammaticus:	Dänischer Geschichtsschreiber, verfasste im Dienst des Bischofs von Lund im 12. Jh. die „Gesta Danorum" (Taten der Dänen); von insgesamt 16 Büchern behandelt Buch 9 die Zeit Ragnars und seiner Söhne
Simeon von Durham:	northumbrischer Chronist und Mönch; schrieb im 12. Jh. eine Geschichte der englischen und dänischen Könige sowie eine Geschichte der Kirche von Durham
Thomas Elmham:	Englischer Chronist und Benediktinermönch; verfasste im 15. Jh. u.a. eine phantastisch ausgestaltete Version des Edmund-Martyriums

Personenübersicht:

Aella:	Englischer König von *Northumbrien* (ca. 865 – 867)
Aethelfleda:	Tochter König Alfreds; Königin von Englisch *Mercia* zwischen 911 u. 918)
Aethelred:	König von *Wessex*, Bruder Alfreds des Großen (gestorben 871)
Aethelstan:	Enkel König Alfreds (regierte von 924 - 939)
Alfred:	„der Große", König von *Wessex* und Bezwinger des Großen Heeres (regierte 871 – 899)
Ascall:	(Askold) letzter skandinavischer Herrscher von *Dublin* (1171 hingerichtet)
Aslaug (Kraka):	Ivars Mutter (laut Saga aus *Spangareid*/Südnorwegen)
Björn „Eisenseite":	vermutlich ein Bruder Ivars, unternahm Wikingerzüge ins Frankenreich
Brian Boru:	irischer König von *Munster* und

Sieger der Schlacht von *Clontarf*
1014 gegen eine wikingische
Koalition

Brynhild: Die Brunhild der
Nibelungensaga; in „Völsunga
Saga" eine Walküre

Cerball: Irischer König von *Osreighe*,
Verbündeter der Dubliner
Könige

Edmund: Englischer König von *Ostangeln*;
von den Wikingern 869
hingerichtet

Edward: Sohn und Nachfolger Alfreds
(regierte von 899 - 924)

Eystein (Östen): König von Schweden (es gab
verschiedene Schwedenkönige
dieses Namens)

Godfrid (Göttrik): dänischer König und Gründer
von *Haithabu* (ermordet um
810)

Godred Crovan: Ein Nachkomme Ivars; König
von *Dublin* (1072 – 1094) und
Herrscher auf der *Isle of Man*

Guthrum: Befehlshaber des Großen
Heeres (871 – 878), danach

	König von *Ostangeln*
Halfdan:	Ivars Bruder; führte von 870 – 876 das Große Heer; fiel 877 in einem Seegefecht gegen irische Wikinger
Harald Hardrada:	Norwegischer König; fiel 1066 beim Versuch, England zu erobern
Horik:	dänischer König, Sohn Godfrids (813 - 854)
Mael Sechnaill:	Irischer Hochkönig (- 862)
Oisl:	mutmaßlicher Bruder von Olaf, von diesem 867 ermordet
Oistin:	Sohn Olafs des Weißen, König von *Dublin* (ermordet 875)
Olaf „der Rote":	Urenkel Ivars und König von *Dublin* sowie zeitweilig von *York*; unterlag 937 in der Schlacht von *Brunanburh* gegen Aethelstan von *Wessex*
Olaf der Weiße:	norwegischer Seekönig und Herrscher von *Dublin* (zwischen 853 und ca. 874)
Orm:	Besiegte Norweger 851 in der Seeschlacht von *Carlingford*

	Lough und fiel ca. 856 in *Wales*
Ragnald:	Ivars Enkel (König von *York* 919 – 921)
Ragnar Lodbrok:	Sagenhafter Wikingerkönig, Ivar als Vater zugeschrieben
Sigtrygg „Einauge":	Ivars Enkel; eroberte 917 den Thron von *Dublin* für seine Familie zurück; von 921 – 927 König von *York*
Sigtrygg „Seidenbart":	Ur-Ur-Enkel Ivars; regierte *Dublin* bis 1036
Sigurd:	„Schlangenauge": Ivars Bruder; räubert wahrscheinlich zeitweilig in Verbindung mit Björn „Eisenseite" im Frankenreich
Thorgils:	(Turges) Norwegischer Seekönig, der zwischen 832 und 846 große Teile Irlands dominierte
Ubbe (Hubba):	(Halb)bruder Ivars; 878 in Südengland gefallen

Verwendete Literatur (Auswahl):

Die meisten Werke zu Ivars und Ragnar Lodbroks
Geschichte sind in englischer Sprache erschienen:

Adams, M.:	Viking Wars, 2018
Ashman Rowe, E.:	Vikings in the West, 2012
Clarke, H.B. etc.:	Dublin and the Viking World, 2018
Downham, C.:	Viking kings of Britain and Irland, 2007
Hagen, M.F. von der:	Ragnars Saga, 1828
Haliday, Charles:	The Scandinavian kingdom of Dublin, Dublin 1884
Höfler, O.:	Der Runenstein von Rök,1952
Jesch, J./ Hall, R.A.:	Vikings and the Danelaw, 2001
Krambs, K.:	„Early Norse Kings of York", Academia, 2018
McGuigan, N.:	„Aella and the descendants of Ivar", Academia 2015
McLeod, S.:	„The DubhGall in Southern Scotland", in: *Limina*, vol. 20.3, 2015

	Migration and Acculturation, 2011
McTurk, R.:	„Ivar the Boneless and the amphibious cow", in: Islanders and water-dweller, 1999
Parker, Eleanor:	Dragon Lords, 2018
Pörtner, R.:	Die Wikinger-Saga, 1971
Saga-Book of the Viking Society (diverse Artikel)	
Sawyer, P.:	Die Wikinger, 1997
Smyth, A.:	Scandinavian kings in the British Isles, 1977
Trynoski, Danielle:	The Viking cities of Dublin and York, 2008 (*medievalists.net*)
Waggoner, Ben:	The Sagas of Ragnar Lodbrok, 2009

Coverfoto und Karten: Autorin

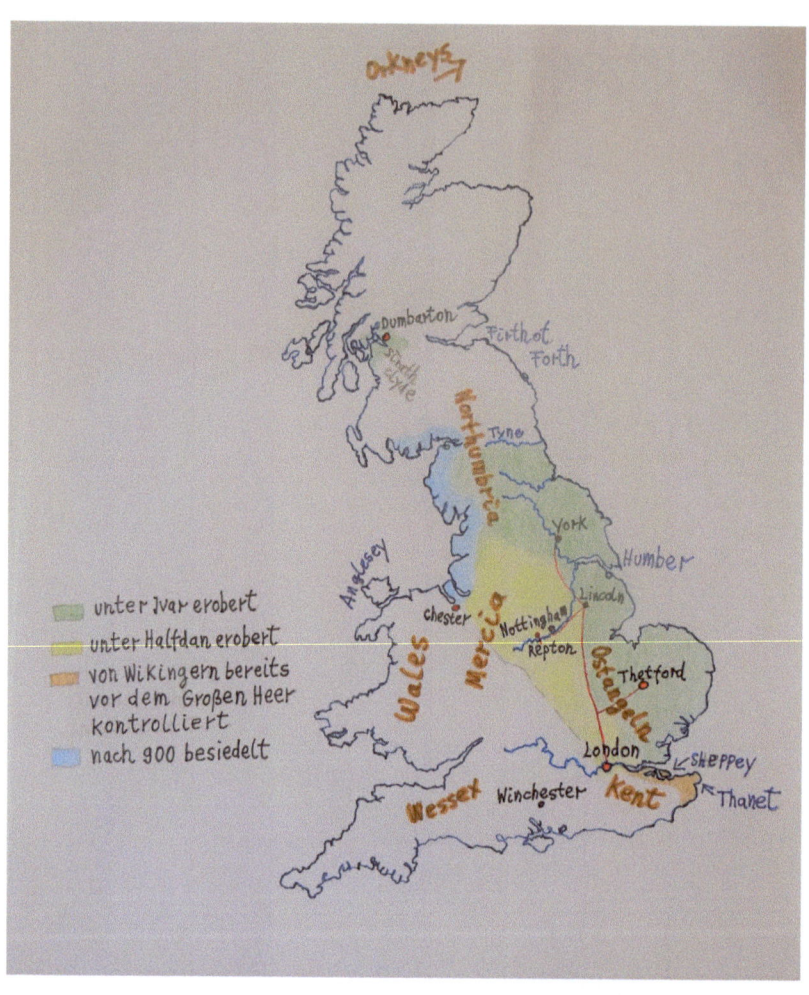

Die skandinavischen Eroberungen in England, die das künftige Danelag begründeten

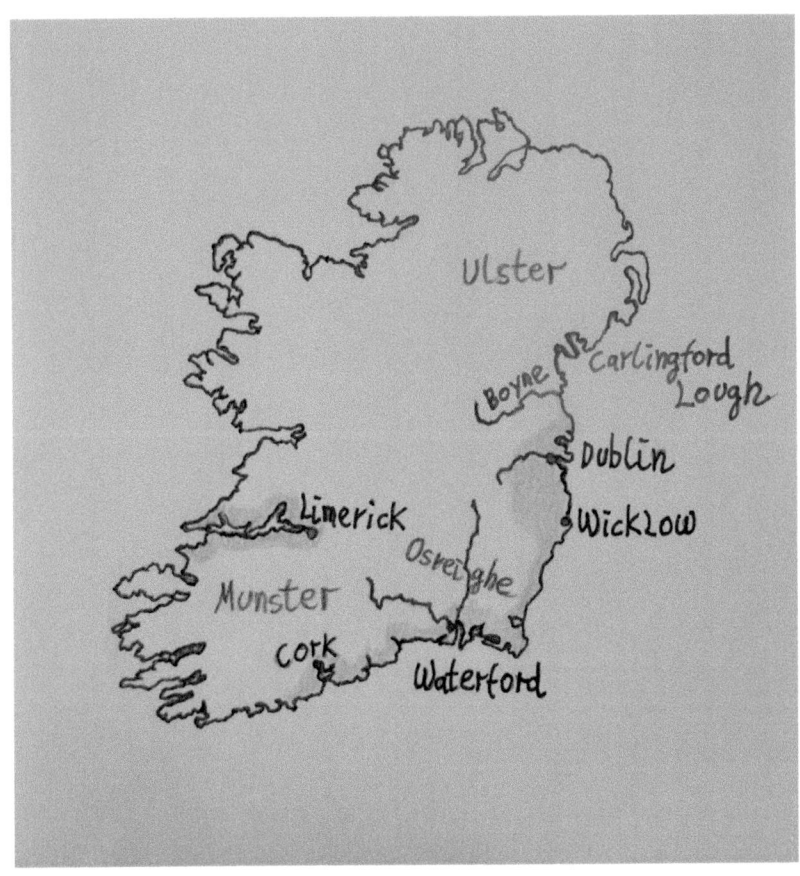

Irland und seine wichtigsten wikingischen Häfen